大展好書 好書大展

趣味心理講座 2

性格測驗②

透視人心奧秘

淺野八郎／著
李鈴秀／譯

大展出版社有限公司

向心的奧妙地帶挑戰！——序言

為什麼我們會馬上喜歡、或討厭一個初次見面的人呢？明明是打心裡喜歡的人，為何難以啟齒？人的心理實在是最不可思議的東西了。

你能看穿初次見面者的本性嗎？

或者，你具有像刑警般的銳利觀察力嗎？你對自己的判斷力、獨創力、分析力有自信嗎？

本書就是要探討人心的不可思議之處，並且追究平日為人所忽略的心理盲點。

現在，請隨著本書，向心中的奧妙地帶挑戰吧。

目錄

第二章　性的測驗

第三章 想像測驗

第四章　判斷力測驗

第五章　深層心理測驗

第一章
觀察力測驗

你有自信絕對不會受騙嗎？
你具有刑警般的敏銳觀察力嗎？
現在，我將問你一些測驗此能力的問題。
這些都是初步性的問題，你若無法全部答對，就表示你的觀察力不及格。

問題1　生活中的錯誤判斷

多數的人都無法正確地回答出，日常生活中常用的器具、或每天所看到的東西之形狀與位置。你能正確的回答下面六個測驗的問題嗎？

測驗①

請想想我們常使用的叉子。其叉枝究竟有幾根呢？

(A)三根

(B)五根

(C)四根

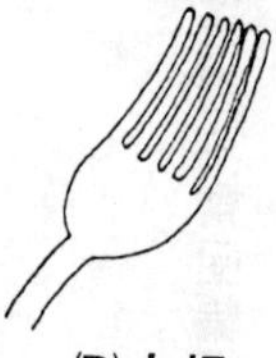

(D)六根

測驗②

扭轉左邊瓦斯爐的「3」號開關，會點燃哪個爐嘴的火呢？

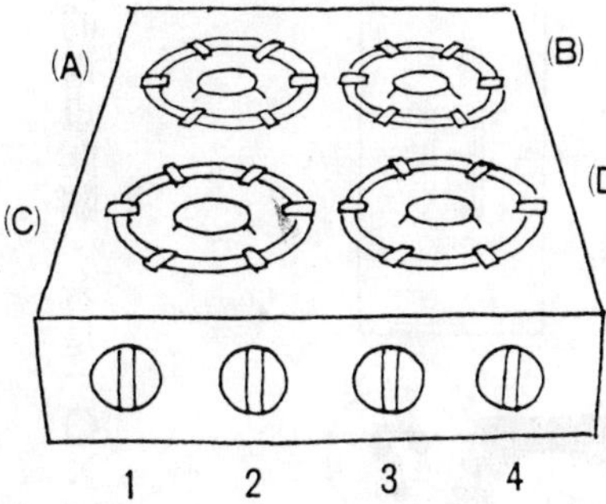

測驗③

若有個具「冷」、「熱」水開關的水龍頭，你欲同時使用冷、熱水時，哪種轉法才是正確的？

測驗④

房間裡的電燈開關，若是「ON」「OFF」呈上下型時，哪一個是正確的？若是呈左右型呢？

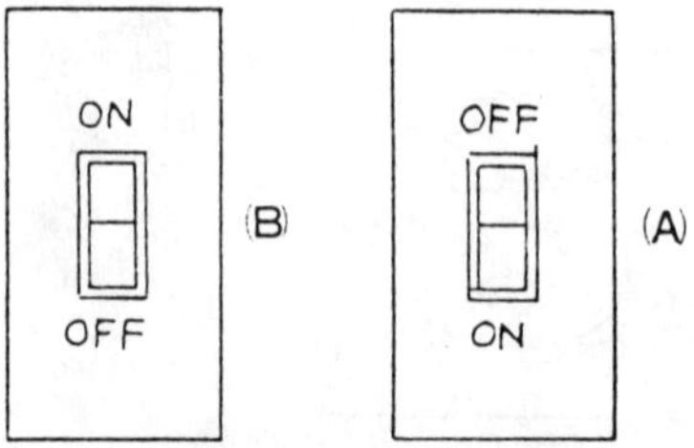

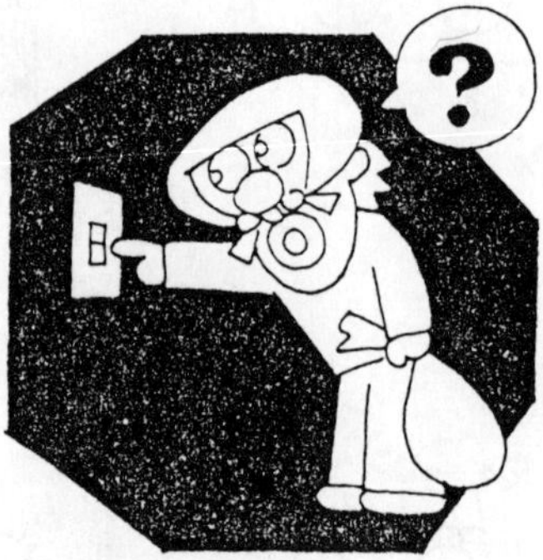

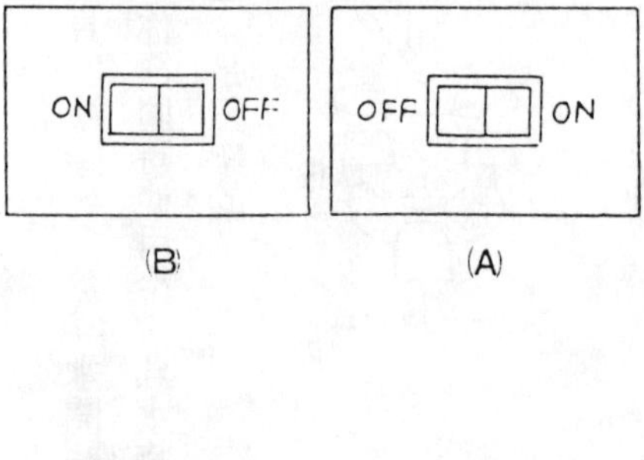

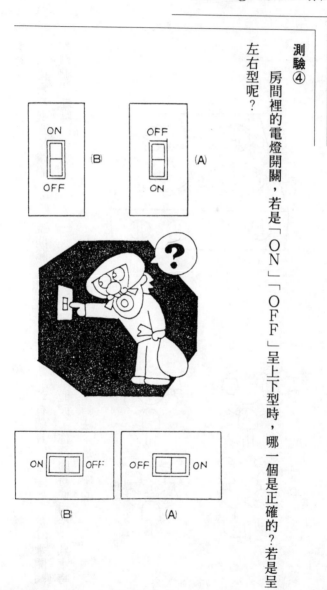

測驗⑤　紅綠燈中的「紅燈位置」，是在左邊？中間？還是右邊？

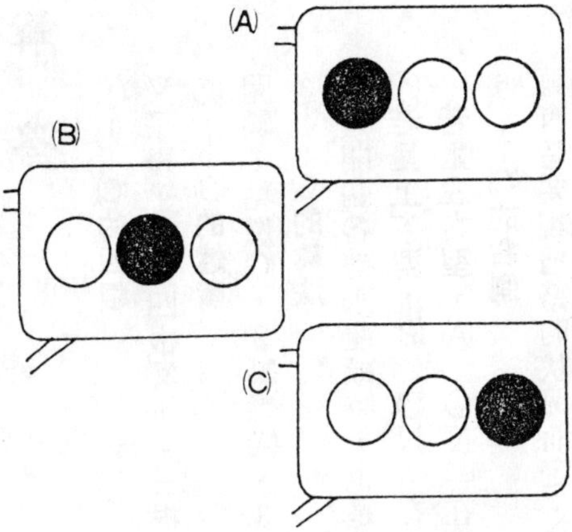

測驗⑥　行人專用的斑馬線信號燈，「紅燈」是在上面？還是下面？

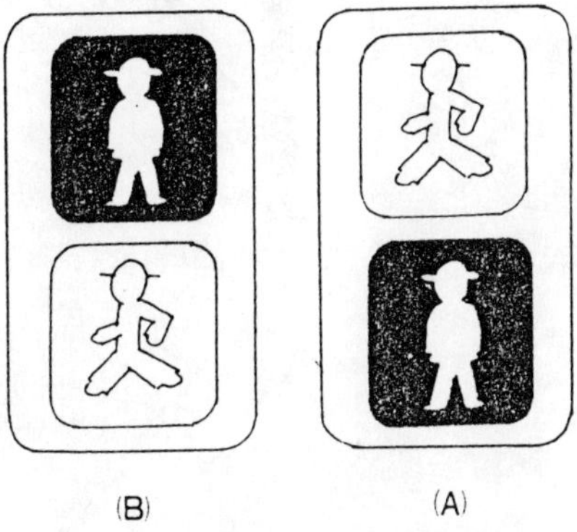

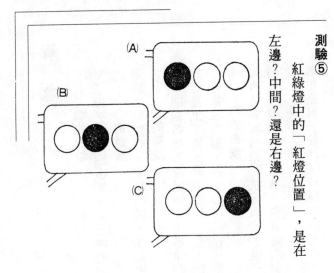

解答

①──Ⓒ的四根
叉子幾乎都有四根叉子。三根的則常見於用來吃甜點。

②──Ⓓ的爐嘴
開關1點燃Ⓒ，2點燃Ⓐ、3點燃Ⓓ、4點燃Ⓑ的爐嘴之類型為多。

③──Ⓒ的轉法
兩個開關各擁水龍頭時，也是像Ⓒ般扭轉。

④若呈上下型，Ⓑ「ON」在上面才是正確的。
若呈左右型，Ⓐ「ON」在右側才是正確的。

⑤──Ⓒ的右側
雖有時要視道路的狀況而定，但一般說來，「紅色」易在遠處就看得到，所以紅燈都設在偏道路中心線的右邊，也就是右側。

⑥──Ⓑ的上側
這也是基於較遠就看得到的考量。所以，「紅燈」應該是在上面。

問題2　選擇按鍵式電話的按鈕

你是否注意到平日我們所使用的按鍵式電話的按鈕，是怎樣排列的呢？

請指出左列(A)、(B)、(C)、(D)四種型式的文字盤，何者才是正確的。在左圖中，也有計算機的數字排列。請指出是哪一個？

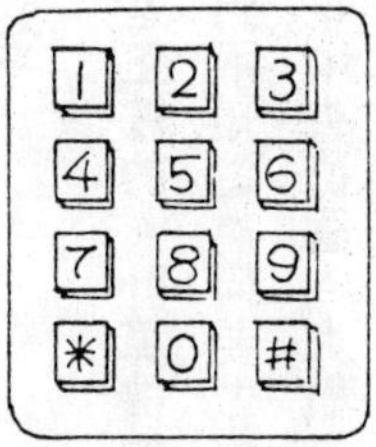

(A)

(B)

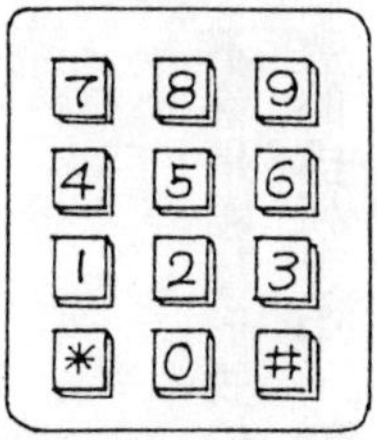

(C)

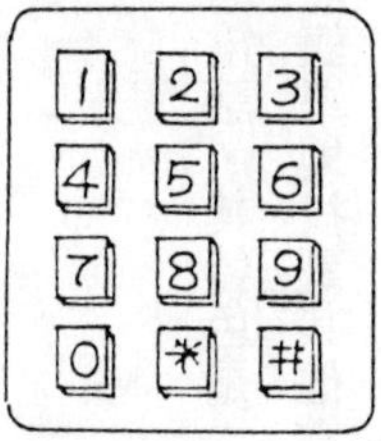

(D)

解答

(A)是正確的。計算機的排列一般都是(C)。

我們不知道為何要做如此的排列，不過，不管是哪種形式的電話，其特色是：「5」一定排在中央位置。大概是把「5」排在三個數的排列之中，能簡單地找到其他數字的位置吧。

按鍵式電話的[1]是排在最上行的第一個位置，其他數字再依序排列下來，因為有很多的電話是被直立放置，而我們的視線是習於由上往下看，所以才做如是排列。

計算機數字的排列之所以是由下往上，乃因為我們習於坐在桌前，邊看著文件邊橫著使用它。

另外，把「5」放在數字排列的中間，從這個「5」，不論是縱、橫、斜的三個數字之和，都是「15」。此種數字排列，是古希臘人想出來的，據說，當時的人認為這樣的排列具有神秘的意味。

問題3　常見圖形的陷阱

請以十秒鐘迅速地看看左邊的圖形。看完之後，把書闔上，根據你的記憶，儘量正確的把這四個圖形，畫在白紙上。

畫完此四個圖形後，看看下一頁的「解答」，你畫對了？還是畫錯了？這些都是很單純的圖形，任何人都應畫對吧。

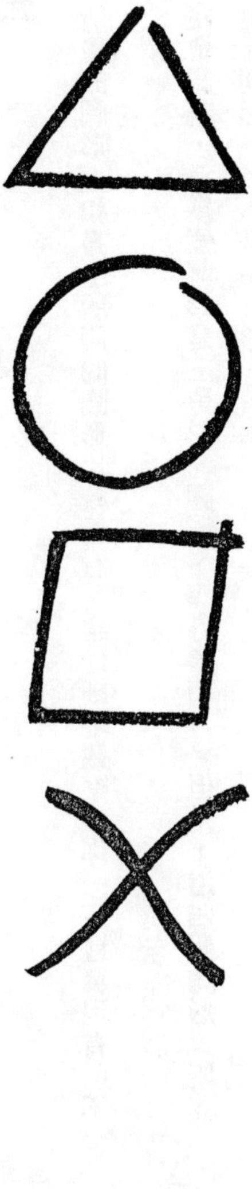

解答

把你所畫的圖形，和書上所印的圖形比較看看。請仔細地觀察，你一定會發現有所不同。

你一定會認為，這幾個圖形是三角形、圓形、四方形和×。但是，這四個圖形，既非三角形，也非圓形，更不是四方形。

再仔細看看，三角形的頂點是開開的，正確說來，它就不是三角形，圓形的線沒有相連，也算不上是正確的圓形。四方形也有一個地方是交叉的。至於×呢?畫的也不是直線×。只是兩條曲線交叉而已。

諸如此般的，當人們看到一個與常見的圖形，極為相近的圖時，往往會受到「先入為主」的觀念所左右，結果就會犯下錯誤。

不將所有的部分看清楚，只就整體來看一件事物的知覺方法，就稱為「以全概偏法則」。

●傳授佔上方點子的教室①

硬幣的魔術

請準備十元硬幣十個，五十元硬幣十個，放在對方的袋子中。然後，請對方隨意攪混袋中的硬幣。接著，閉上雙眼，把手放入袋中，這時，你可和人打賭，你一定會成功的從袋子裡，一次拿出兩個十元的硬幣，或兩個五十元的硬幣。你要如何做到呢？

〈方法〉

很簡單，你只要從對方的袋中，一次拿出三個硬幣。你或者會拿出三個十元的，或者是三個五十元的，或者是兩個十元，一個五十元，或者是兩個五十元，一個十元的。不管是哪種情形，你都會成功地取出兩個十元，或兩個五十元的硬幣。

很多乍看之下難以解決的事情，若只要花點心思想想，任誰都能得到輕鬆、解決的方法，不是嗎？

問題4　用眼觀看的推理遊戲

測驗①　站在門旁的男子，是剛要出門？還是剛回來？

仔細看此圖片，你就該知道答案。

測驗②

一名女子坐在海邊的遮陽傘下，眺望海的那邊。她是獨自一人嗎？如果她不是獨自一人，她是和女友一起前來？還是和男友一起前來。

仔細看此圖片，你就可找到答案的關鍵。

解答

①——剛回來

乍看之下，此位男子有可能正要出門，也有可能剛回來，然，只要仔細看圖就可找到判斷的線索。圖左所畫的雨傘，就是決定性的關鍵。雨傘濕答答的滴著水，足見這位男性剛從下著雨的外面回來。

②——她是和男友一起前來的

仔細看此圖片，就可發現遮陽傘下有兩雙鞋子。靠近她的那雙，當然是她脫下來的。另一雙放在她和遮陽傘間的鞋子，不論怎麼看，都是雙男用鞋。因此，和她一起前來的，一定是男友。

她的男友剛才一定是和她一起坐在遮陽傘下，且是坐在她的右邊。

當男女並排坐時，一般說來，女性都坐在男性的左側。由圖中的位置關係來看，頗符合此點。

在每天的生活當中，只要養成稍加注意的習慣，就會有很多意外的發現。據說，人際關係的第一步，就是養成「觀者」的習慣。

出現在柯南•道爾偵探小說中的名偵探，就是以隨時都重視此種注意力而出名的人物。擅於抓住人心的人，多很注意第一印象，且是會從此人的特殊習慣及擁有物中找出其秘密的人。

老練的計程車司機，光從乘客的「氣味」就能判斷其職業。例如：發出魚腥氣味的人，可能就是賣魚的人，發出藥品氣味的，可能就是個醫生，發出線香氣味的人，可能就是葬儀社的人。

問題5 防患災難的謎題

有三個好朋友一起去登山，結果迷路了。不幸地，他們身上沒有地圖也沒有指南針，周遭也沒有標誌。同時，天空被雲層遮住，看不見太陽的位置。

此時，若欲知道方位，下述四個方法中，哪個方法才適切呢？

①從雲的流向得知風向，藉以推測方位。
②從樹幹的斷面探索方位。
③到山谷下找河川，由其流向來推測方位。
④雖不知方位，卻可看到遠處的人家，就朝那方向前進。

解答

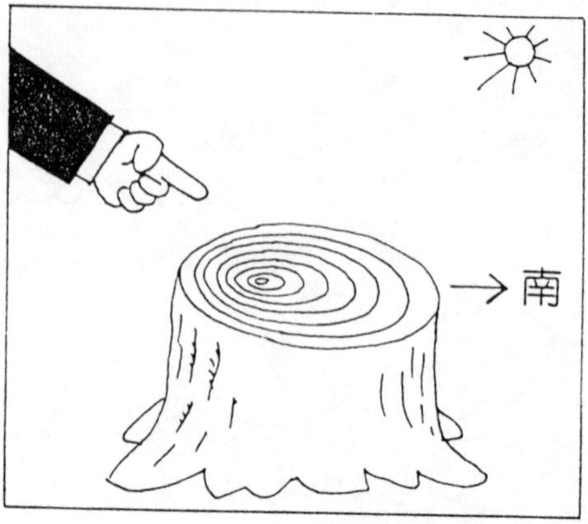

正確的答案是②的「從樹幹的斷面探索方位」。

仔細看樹木的斷面，可知年輪的間隔不同。此一條一條的年輪間隔，愈是靠樹幹的南側就愈寬。

因為，樹幹的南側，所得的日光較充足，所以，樹木成長的較快。因此，由樹幹的斷面就可找出「南」的方位。

這可說是憑著知識、冷靜的觀察力，脫離危險處境的例子。

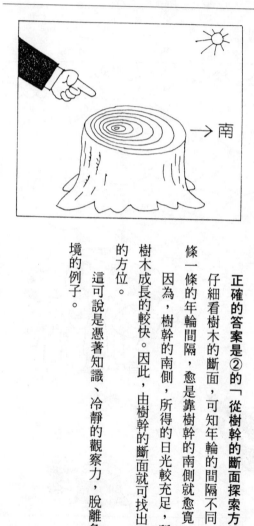

●人的心理實用法①

「右撇子」和「左撇子」的習性

有個凶惡的犯人持來福槍逃到森林中。犯人唯恐遭捕，隨時有開槍的危險。剛巧和情人在森林中的你，忙躲到一棵大樹的後面。如果你們要從樹後偷看犯人的樣子，會由樹的哪一邊，也就是，由右邊偷看呢？還是由左邊偷看？

＜方法＞

要偷窺對手的情形時，一般是從樹或隱蔽物的右側來偷窺。尤其是軍隊中的步兵，從隱蔽物舉槍襲擊時，從右側瞄準是其鐵則。右撇子的人，會做反射性的隱藏動作，所以從右側偷窺較安全。當然，左撇子的人，從左側偷窺則較安全。

問題6　指出說謊的謎題

下面的三幅圖畫，各有重大的錯誤。請在三十秒內，找出各測驗中的錯誤。

測驗①

有個人帶著一幅聲稱是拿破崙肖像的名畫到畫商那兒。然而，一看此畫的畫商，馬上大聲說：「這是一幅偽畫。」

他究竟是由哪兒看出破綻的？

測驗②

有個人本要接受下面這張支票，但，一看支票的他，馬上說：「我不收這張支票」。為什麼？

支票

支票號碼 N078999 中華民國82年11月31日 帳號 168

憑票支付 NT$10,000

新臺幣壹拾萬元正

此致

華僑商業銀行　士林分行　台照

付款地：台北市承德路四段二八一號

（發票人簽章）

科　目：(借)支票存款　傳票總號

經副襄理 會計 助理主管 出納 記帳 驗印

測驗③

某人用8厘米的攝影機，以慢動作拍下UFO，然後將此影片帶到報社。

但是，看了影片的記者，生氣的說：「這種東西也敢拿給我們看。」把他轟了出去。因為，他被看出是個騙子。究竟，此影片有哪個地方被看出破綻呢？

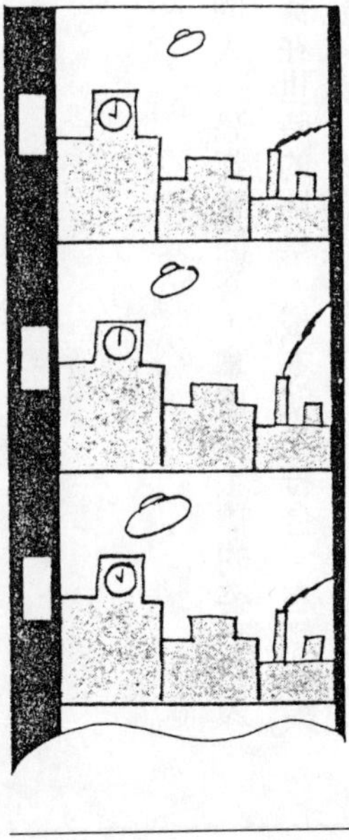

解答

①—電視天線

怎會看出這不是拿破崙的肖像畫呢？一般的人，恐都會回答，拿破崙手攏的姿勢和本人不像吧。然，請看看此幅畫的背景，與拿破崙在世時的風景，根本就不符合。右側建築物的屋頂上，竟有一根當時不可能有的電視天線。

②—金額、日期、印鑑

仔細看此支票，可發現三個地方有誤。首先，表示金額的漢字，寫的是壹拾萬元，可是，下面的阿拉伯數字，寫的竟是一萬元。

另外，出票的日子寫的是十一月三十一日，事實上，根本就沒有這一天。十一月只有三十天。再者，出票人的名字旁，沒有蓋印章。

此為三個有誤的部分，對方自然不肯接受。不過，以這三點來看，在法律上是沒有問題的，十一月三十一日，可被視為十二月一日。金額也是以漢字的表示為標準。另外，出票人的名字也是可以用簽名的。

然，本問題只是在心理上測驗觀者的觀察力而已。在日常生活中，很多就像這樣，乍看之下沒有疑問，但再仔細看卻問題叢生的例子。如果在平時就養成多加注意的習慣，那麼，人際關係就會和諧的多，如此，就可防止與人發生磨擦。

③——時鐘針的位置

任何一個國家對ＵＦＯ，都是非常關心的。所以，很多人把用相機拍下的自以為是的ＵＦＯ照片，或用8厘米攝影機拍下的影片，送到報社。

可是，這些照片和影片，大都是假的，或僅是目擊者的錯誤判斷和錯覺。

本問題裡，用慢動作拍下的ＵＦＯ影片中，中間那格的時針位置和另外兩格的有誤。前後格的時針指的是十點鐘，中間的那格，卻指著十二點，這不是很奇怪嗎？

問題7 注意餐桌禮儀

圖中的A先生，被介紹到一家著名的餐廳用餐。據說，這家餐廳的女主人，常年生活在外國，所以很講究餐桌上的禮儀……。

但是，剛坐下的A先生，馬上發現「有所蹊蹺」。為什麼A先生會如是認為呢？

事實上，女主人是個有名的詐欺慣犯，根本沒有在外國生活的經驗，此為解謎的關鍵所在。

解答

餐桌上刀子、叉子的位置左右顚倒了。連最基本的餐桌禮儀都沒有，難怪A先生會認為「有所蹊蹺」。

且，女主人既然很講究餐桌禮儀，怎會把酒倒入水杯?而不是倒入酒杯呢?

我們在日常生活中，常忽略了司空見慣的事物，而不加以注意。

負責抓走私毒品的一流關稅職員，多具有極佳的注意力和觀察力。以前就曾發生一件如下述的實例。

一名到東南亞旅行的僧侶，企圖攜帶價值數億日圓的古柯鹼闖關。而幾乎所有的人都不認為僧侶會攜帶違禁品。

然而，有個老經驗的職員，卻從僧侶的骨灰罈中，找出欲夾帶的古柯鹼。站在檢查台邊的職員，發現了僧侶有點神不守舍。且，僧侶把行李箱放在檢查台上檢查時，竟把骨灰罈放在地上。這當然使得職員質疑。

對僧侶而言，骨灰罈是非常重要的，因為它意味著人的「靈魂」，而此位僧侶居然就把它放在地上，不是很奇怪嗎?該職員就憑著這份直覺，查出僧侶企圖攜帶古柯鹼闖關。

問題8 你的做證能力如何？

某天，在街上散步的你，湊巧目擊一輛撞人逃逸的車子。此瞬間情景，就如左圖畫般。

於是，你被警察要求做個目擊者來作證。

請花十秒鐘看此圖，再回答下頁警官的詢問。

警官的詢問(1) 除了你以外，還有其他的目擊者嗎？
警官的詢問(2) 此事發生於什麼時候？
警官的詢問(3) 附近，除了汽車外，還有什麼交通工具？
警官：「麻煩你了。你可以回去了。」
目擊者的你：「我還記得撞人逃逸車輛的車號。」
警官：「我們已經知道了。」

解答

請再仔細看看此圖。你是否過於注意那輛汽車的車號，而幾乎忽略了周遭的事物？這是一個說明我們視線界線的心理測驗。一般人，常把視線集中在自己所注意的東西上，而忽視了其他的東西。

能正確回答此測驗全部問題的人，是個駕駛適性度很高的人。據了解，有十年以上的駕駛資歷，且無違規記錄的駕駛，在做此測驗時，大多有餘暇去注意周遭的事物，至於女性駕駛，則多會犯錯。我們的眼睛，在視覺上常會犯下如此般的失誤，除此之外，還有很多情形也是一樣的。

現在，讓我們再做個簡單的實驗。

請閉上左眼，單用右眼看左圖黑色的圓。然後，把眼睛稍靠近此圓，此時的你應該看不到，剛才一直可看到的右側女性的臉吧。

人的眼睛在網膜中央稍靠鼻側的地方，有一個不能感光的「盲點」部分，所以才會發生這種現象。

其次，再做個實驗看看。請先看次頁的黑圓Ⓐ三十秒鐘後，再看Ⓑ點，此時你會覺得Ⓑ點的周圍，也有個黑圓留在那裡。

此外，尚有下述之奇妙事情。單看Ⓔ圖之後，再看Ⓒ圖，然後再看Ⓔ圖，就能馬上判別出Ⓒ的圖案，看了Ⓓ圖後再看Ⓔ圖，也能馬上

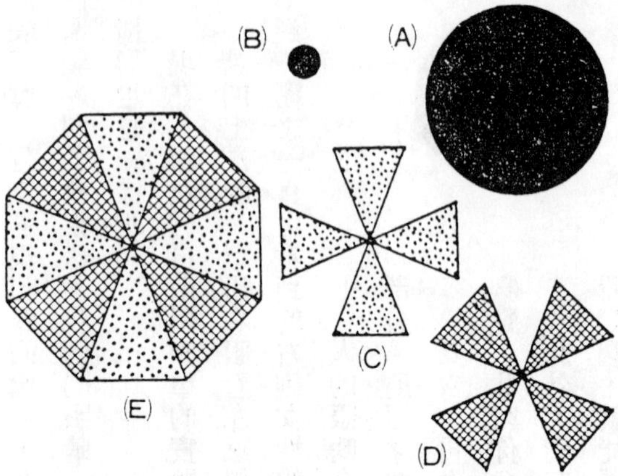

辨出(D)的圖案。

此種現象，常被應用於心理學上的研究。在長時間注視一個圓形之後，會產生一種注意的飽和現象，接著就不易去掉對此圖形的印象。所以，看了(C)之後再看(E)，和只看(E)時，(E)的圖形是不一樣的。因此，注意力的重點不同，所看到的結果也不同。

前述汽車事故的測驗，此種心理上的盲點也是個原因。

第二章
性的測驗

如何？你是否有點喪失自信了呢？在日常生活中，我們常忽略了一些非常平凡的事物，也就是，人在心理上的盲點出人意外的多，你一定很驚訝吧。接下來，我們再來探索存於人心底的奧秘，特別是有關性的心理奧秘。

問題9　愛情出擊的成功法

一幅看起來很平常的風景，往往因看者的心理之不同，所呈現的景色也就有所不同。從你對風景的印象，就可以看出你對愛人表達愛的方式。讓我們在下個測驗中，來看看你的愛情表達法吧。

今年冬天，夏夫和好友一起去滑雪，到了夏天，他又和朋友到同樣的高原露營。下頁的圖畫就是冬天滑雪場的風景。再到此滑雪場的夏夫，所見之景色和冬天的截然不同。現在，請依序回答下述之測驗。

測驗1　點線的部分原是茂密的樹木，當雪溶化後就可看得見。請問，你究竟會看到什麼樣的樹呢？

(A)高大的杉木。

(B)白樺樹。
(C)低的欉林。
(D)歪歪曲曲的樹。

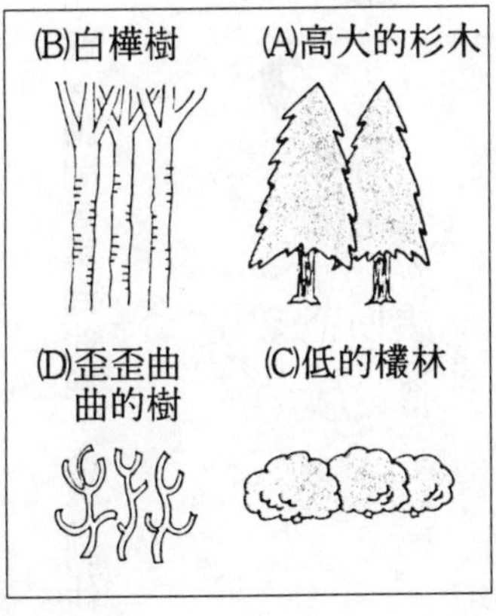

測驗2

有條小溪流過高原的中央。在點線附近，可以看到小溪。請問，再到此地，會看到什麼樣形式的小溪呢？

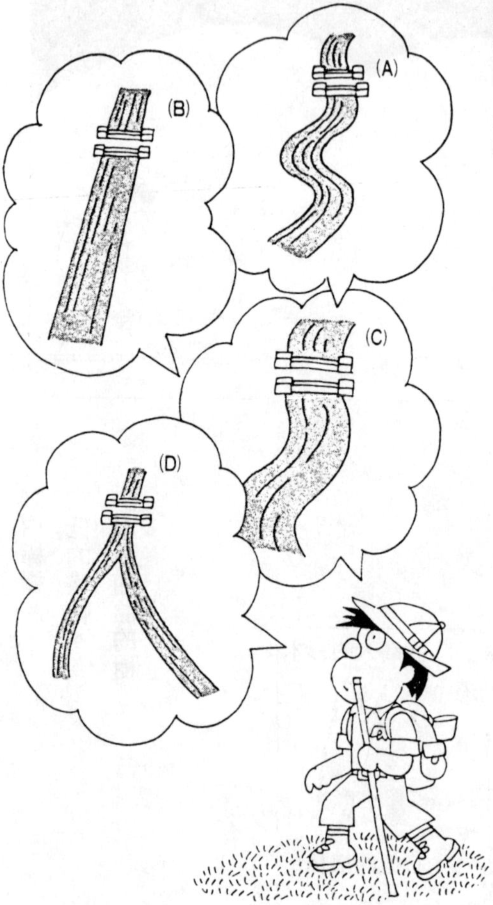

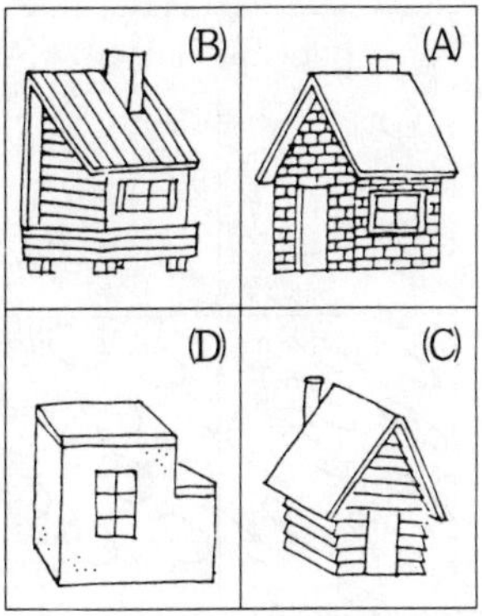

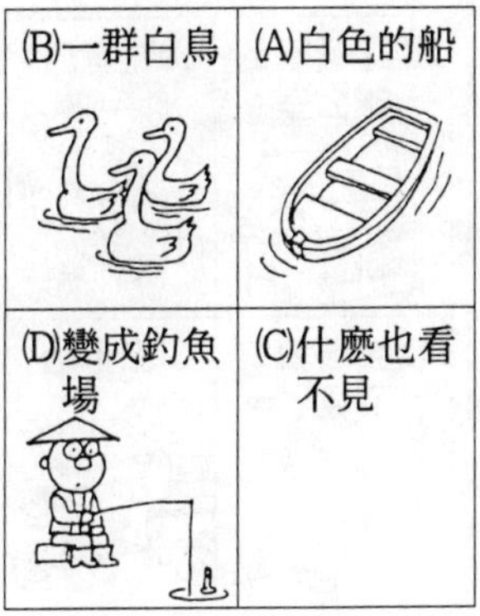

測驗3

夏夫投宿在滑雪場的小木屋，被雪掩蓋住了，連屋頂都看不到。請問，小木屋是採何種形式建築？

測驗4

滑雪場的附近可以看見一個小池子。冬天，此池子凍結了。夏天，此池子裡會出現什麼東西呢？

(A)白色的小船。
(B)一群白鳥。
(C)什麼也看不到。
(D)變成了釣魚場。

測驗5　滑雪場的纜車附近有一小房子。此小房子到了夏天，會做何用途？

(A)特產店。

(B)露營區的辦公室。

(C)巴士站。

(D)被破壞的不見了。

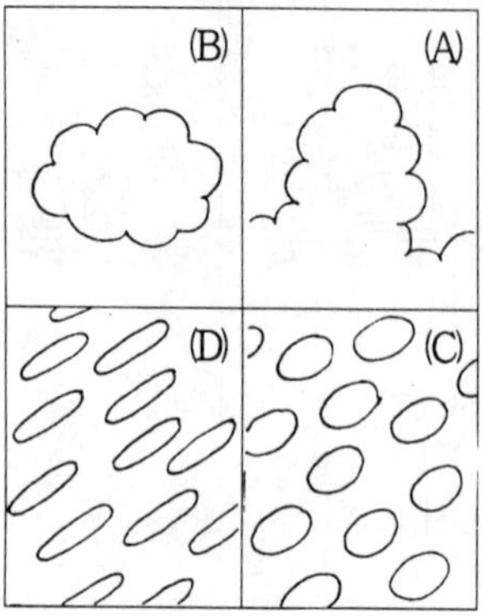

測驗6　天空中會出現什麼形狀的「雲」呢？

(A)積亂雲。

(B)大而圓的雲。

(C)小而圓的雲。

(D)小而細長的雲。

解答

●記分表

測驗＼答	(A)	(B)	(C)	(D)
1	3	5	8	1
2	3	1	5	8
3	3	5	8	1
4	5	8	3	1
5	5	3	8	1
6	8	5	1	3

●把1～6測驗的答案記在上面的記分表裡，將總分計算出後，就可知道自己是哪種類型。

6分～13分……(A)類型
14分～21分……(B)類型
22分～30分……(C)類型
31分～39分……(D)類型
40分～48分……(E)類型

〈診斷〉你的愛情傳達方式是屬於哪一種類型？

A　個性橫衝直闖型

你會讓對方，對你留下強烈的印象。

你的戀愛是個性表現型。傳統型式較不適合你。你會使些千奇百怪的花招，讓對方對你有強烈的印象。

你是個非常擅長用小伎倆抓住對方心的人。譬如說：在對方想不到的時刻裡，突然向對方表明自己的心意。與其用言語，你是寧願用態度或行動來向對方求婚的橫衝直闖型。以電報來求婚的約翰甘迺迪，就是屬於此類型。

你也是那種會先到對方出差地點等候，或到對方旅遊的地方，演出不期而遇的人。亦即，你是追求戲劇化、不合章法的類型。

對你而言，既戲劇化又羅曼蒂克的求婚方式，最符合你的性格了。在意想不到的地方，出乎對方的意外、神出鬼沒的，都是你這樣的人所做的事。

戀愛時亦然，你是會全力以赴的類型。

B　電話熱線型

你會採電話攻勢來攻下對方的心。

想讓對方明白你的心意，採電話攻勢是最有效果的。平日的你，活潑、積極、且勇於採取行動，可是，一碰到戀愛問題，你馬上就變消極了。

尤其是在喜歡的人面前，你老是說些言不及意的話，絲毫無法表達自己的真心意。利用不必面對面說話的電話，你就會有勇氣說出了。並不是非要有事才行打電話。沒事的時候，每天固定打一、兩通電話給對方，來個電話熱線吧。

「我沒有事，只是想聽聽你的聲音。」說個五～十分鐘後，你就掛上電話。起先，會認為你無聊的對方，在你該定期打電話的時間裡，沒打來時，就會變得很在意。

如此，你就可以在該打電話的時候，打去一通，以吸引對方的注意與關心。

C 混合型

不僅用說，還用寫信，多方設法的……

當你想讓對方知道你的心意時，你或會寫情書，或會打電話，或會直接找對方說，總之，你是非常有勇氣發動攻擊的人。

你雖在見面時已表達過心意，但為再次地確認，你還會再寫信給對方，表達你的心意。在她的面前，你認為言語並無法充分地表達你的心意。當覺得用說的表現不佳時，你還會再用信來表達。

你是那種，與喜歡的人交往次數愈多，愈想讓對方了解你的人品如何的人。交往的時間愈長，你愈能抓住對方的心。

當你用寫信的方式表達真意時，對方也會相信你的誠意的。

D 情書型

藉著寫情書，你也可以和別人一樣地吸引對方。

你是書寫情書型。與人談話較笨拙的你，很擅用情書來表達你對對方的情意。對方看了你的信定會很感動。有時還會又哭又笑，當然，更會被你的心打動。總之，不擅言詞，在人面前無法表明心意的你，寫起情書來卻情話綿綿、動人心弦。用說的來表達你的真心意，不僅會耗掉你很多的時間，且會引起他人誤解的情形多。有時，言者無意的你，對方卻聽者有心，而傷害了他的心哩。

E 間接告白型

利用第三者來傳達你的心意是最理想的。

你是既沒有勇氣來個熱線電話，也沒有勇氣寫情書的人。你相當有警戒心。你怕打電話給對方，遭對方責罵，怕寫情書給對方，留下讓對方嘲笑的把柄。

你是個很小心、很謹慎的人，即使對對方情有獨鍾，也不敢開口向她求婚。當你喜歡某個人時，利用第三者來傳達你的心意，應是最理想的方法。你可以找你信賴的朋友、老師、長輩等，替你傳達心意。

以上所介紹的心理測驗，與一九七〇年代刊登於《艾爾》雜誌，大受好評的米契爾・魯奇的心理測驗相彷彿。

雜誌中刊了甚多，為了瞭解隱藏於人心底的期待或願望，所做的種種測驗，然而，這些測驗與以往的測驗大不相同。魯奇的測驗，可說是「心理測驗」的原理。

問題10　性聯想的測驗

兩個裸著上半身，緊抱在一起的男女。這對男女的下半身，是(A)(B)(C)中的哪一種情形？

(A)全裸。
(B)用無花菓竹葉子遮著。
(C)穿著白色內褲。

解答

選擇(A)的男性，對性是自信滿滿的。然，實際上的情形，多半是已不具有充分滿足女性的精力。又選擇(A)的女性，性事常不如其所期待，稍有點慾求不滿。

認為是裸體的人，通常屬於對性有精神緊張反應的類型。

選擇(B)的男性和女性，對性事的精力十分充分，身體也是在最佳的狀況下，屬於能夠讓對方喜悅的類型。從這幅畫就能想出個羅曼蒂克的故事吧。另一個較奇怪的說法則是，認為該遮蓋的地方就要遮蓋，正說明了此種人較害羞。

選擇(C)的男性，對性方面，是較符合常識的。對女性不會做無理而惹人討厭的要求之類型。另外，選(C)的女性，對性方面較淡漠，可說是有潔癖的類型。

認為應穿內褲的人，存有想控制性的意識，可說是屬於純真型。

問題11　城堡的選擇——性意識測驗(1)

世界各國的雄偉城堡，是人類的夢想所寄，發揮想像力的地方。由對城堡的想像之中，可以瞭解你的性意識。請回答如下的測驗，就可明白你的性意識是屬於哪種類型？

測驗1

如果讓你住在如圖所示的城堡的話，你會選擇哪個城堡？

(A)法國的香波兒城（有庭院）。
(B)德國森林中的城堡。
(C)萊茵河附近的城堡。

測驗2

據說，法國的羅亞河一帶，有一千個以上的城堡。若要參觀所有的城堡，可要花費相當多的時間。

如果只能參觀一座城堡。你想去參觀哪一座城堡？

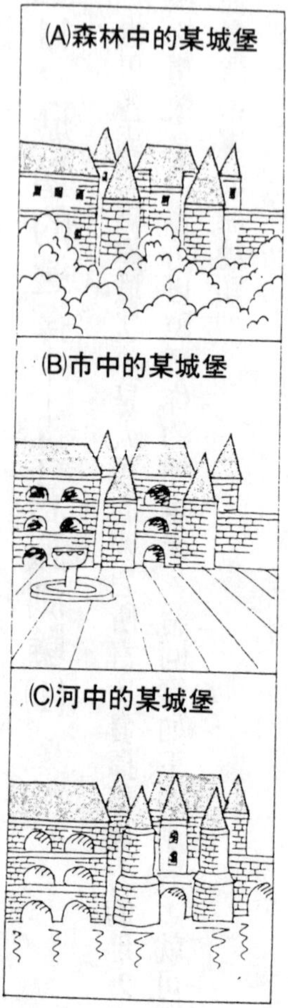

測驗3

矗立在海中的法國摩歇爾城堡，據說是世界奇觀之一。雖然，從任何一個角度看此城堡都非常地美，但，若你要以此城堡的照片裝飾房間的話，你會選從哪個角度來採景的呢？

(A)從陸上所看的城堡。

(B)從空中所見的城堡。

(C)從海上所見的城堡。

測驗4

日本的城堡也有歐洲城堡所不及的美。土井晚翠曾寫過一首『荒城之月』的詩。請邊想這首詩，邊找出符合此詩的城堡。

(A)姬路城型。

(B)名古屋城型。

(C)熊本城（山城）型。

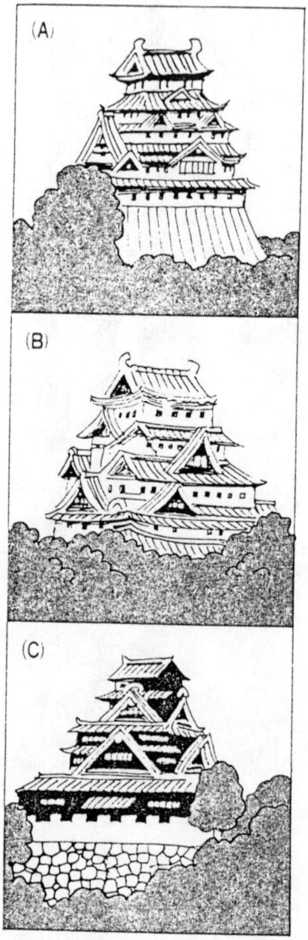

解答

●記分表

測驗＼答	(A)	(B)	(C)
1	1	3	5
2	1	5	3
3	1	5	3
4	3	5	1

4分～7分……(A)類型
8分～11分……(B)類型
12分～16分……(C)類型
17分～20分……(D)類型

〈診斷〉你對性的看法？

A　消極的類型

沒有自己去追求性的勇氣。

你是屬於對性極消極且羞怯的類型。你沒有自己去積極追求性的勇氣。

有時，即使對方僅是伸出手與你碰觸一下，你都會打個冷顫。對你而言，能和對方一起說說話、做做運動，就很讓你高興了。你是極為保守的，在結婚之前，絕不會想到性事。即連接吻的勇氣也沒有。

B 羅曼蒂克型

不喜歡赤裸裸的性。會選擇氣氛和場所。

你是個羅曼蒂克型的人，不喜歡赤裸裸的性的類型。對方如果在性方面，表現的過於粗鄙，就算是你喜歡的人，也會討厭他。

即連接吻，你也很講究氣氛。就算是對方是你愛的人，你也會講究場所。你喜歡甜言蜜語，永遠都憧憬著夢般的愛情。

C 現實派型

只要你有所追求、對方會與你相當的搭配。

你是一個與對方能相當搭配的類型。對性方面，你頗嚴謹，不過，若是你喜歡的人，你會為他獻身。

若是他人來追求你，你也會有很好的反應。

不過，你不會亂來，你會有所取捨，有所節制。你的戀愛方式與年齡相符合，也是個能夠被愛的人。

D 熱情派類型

你會很熱烈的追求性，且肯為對方付出一切。

你相當熱情，會自動地追求性。但對方若沒有給你相當的熱情，你就會不平衡。你很清楚自己所喜歡的是什麼？如果對方是你所喜歡的人，你會不顧一切地去奉獻，而身心方面都感到很滿足，是個非常熱情的人。

問題12　裸體選擇——性意識測驗(2)

下面有四個女性裸體體態。請在其中選出一個，你最喜歡的體型。

(A)臀部很大。

(B)胸部和臀部都很大。

(C)胸部大、臀部小。

(D)兩者都小。

解答

此一性測驗，可以測知你表現在日常生活中的個性。據稱，對裸體之喜好，正反映了性格。

選擇最保守(D)之體型的人，是個很重視保守生活的類型。就這點來說，他對性方面也是很保守的，他會控制自己的慾求，且是把此視為理所當然的人。

這種類型的人，若以對此性格、類型沒有不滿的人為對象，兩人在性方面就不會發生衝突，而過著幸福的生活。

如果你的對象是，不喜歡受限制而憧憬生活有所變化的人，且對性也不喜歡一成不變的話，你們彼此之間，就會經常相互不滿。

在這樣的情況下，女性方面，最好去了解對方的性是屬於哪種類型，然後稍改變自己去調適對方，而不要正面拒絕，引發衝突較好。

此外，最重要的是，除了目前的性之外，你還得另外找些興趣來自得其樂。

喜歡Ⓒ裸體的人，不管是在性方面，或人際關係，或日常生活中，都較有適應性，與人融洽相處的能力比較高。與喜歡Ⓓ的人比起來，較能享受性的樂趣，夫妻之間也比較鶼鰈情深，且，不管是性方面的技巧等等都比較高，興趣也比較大。不過，這類型人的問題，就在於對性方面的享受方式比較一成不變，這就有嫌過於單調了。所以，有必要努力地去找尋，男女間新的享受方式。

選擇Ⓑ裸體的人，在日常生活上較富好奇心。即使在受到限制的當中，也總希望能出現一些新狀況，或新點子。亦即，對性方面，他也喜歡有點變化。心情好的時候，他會做出大膽、讓人驚奇的事情。大致上，可說是個熱情的人。

這類型的人，需把情緒化的心情，讓對方瞭解。當自己的熱情燃燒起來時，如果對方不能馬上接受的話，這類型的人馬上就會感到不滿。

最成問題的，就是喜歡Ⓐ裸體的人。此種人不斷地對現狀感到不滿，總是積極地想去追求什麼，但一旦受到限制，就會抗拒。

這類型的人，對性方面的享樂，頗讓人毛骨聳然。如果不能與他配合，他就會急躁起來。因為他總是喜歡追求性的刺激，所以，不怕冒險，對人生總有股追求刺激的衝動。

總之，對性的態度與意識，與此人的個性有關，而這也是日常生活中，最能表現自己的型態之一。

●性與心理的相互關係

「性」的滿足度，因人的性格之不同而有相當大的差異。以智能測驗及個性方面之研究聞名的德國心理學家艾正德博士，曾於一九七九年所著的《性的心理學》一書中，發表有關這方面的看法。

艾正德博士說：人對性的意識或態度，與此人的性格有著相當密切的關係。一個人如何處理性？或對性的關心程度，皆可看出此人的日常生活態度。

支持保守政黨的婦女，和支持進步政黨的婦女，在性方面的享受方式，也有很清楚的分別。

性的發洩方法，對於一個人的日常生活也有很大的影響，一個人是過什麽樣的日常生活，其對性生活的方式也隨之不同。

人的面貌因人而不同，同樣的，對性方面的看法，或性慾求之強弱，也因人而異。俊男與美女的結合，並不一定能保證此對男女能享受到性的樂趣。另外，就算是身高、體重、精力都很相配的男女，也不會因此在性方面一定得到滿足感。

在性的滿足感中，有一種像「心的滿足感」，是不可言傳的。性是強烈的，或對異常的性感到愉快等，多是屬於心理上的問題。

男性總認為自己的精力有問題，所以常喝蛇酒、人蔘來壯陽，然而，這些真的有效果嗎？其實這都只是心理上的作用而已。他們皆是受到暗示而認為有效的。

問題13　檢查你的變態程度

這是要得知你的性的異常度之測驗。回答下列各問題，就可知你的性之型態。藉此也可知你所期待的性，究竟是不是變態的。

測驗1

這個青年究竟在做什麼？看了此圖的你，直覺的想到什麼？

(A)悲傷的哭泣。
(B)在擦汗。
(C)擤鼻涕。

測驗2

公園的樹蔭下有兩個人。看到這兩個男女，你直覺地想到什麼？

(A)討厭！好大膽！

(B)好極了！好棒！

(C)女人要是迷戀男人就糟了。

測驗3

在森林中可看到兩個男女的身影。看了此幅圖畫，你直覺地會聯想到，這兩人是在幹什麼？在下列答案中，選出一個與你所想的正恰合的。

(A)在森林中吵架，然後分手。

(B)好久不見的兩人在約會，散步於林中。

(C)被色情狂跟蹤的年輕女子。

測驗4

假設你正在看電視，電視正播放一隻兔子遭蛇的襲擊。此時，電話鈴響了，你跑去接完電話再回來時，畫面已經變了。請問，畫面究竟變成什麼樣？

(A)兔子受到蛇的襲擊，被絞死。
(B)兔子溜走了。
(C)有人看到了，救了兔子。

測驗5

這三條狗當中，若要把一隻綁在大樹下，你會選那一隻？

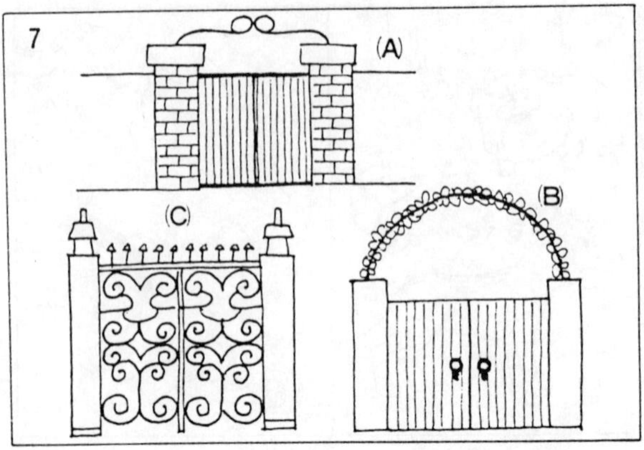

(A)虎頭犬。
(B)狼犬。
(C)臘腸狗。

測驗6

有個少年交了個女友。女孩長得很可愛，他很迷戀她。兩人在聽了爵士音樂後，青年邀女友到其房間。請問，他會對她說什麼？

(A)「喂！咱們一起睡好不好？」
(B)「你的眼睛好漂亮，我好喜歡。」
(C)「你喜不喜歡××樂隊的小喇叭？」

測驗7

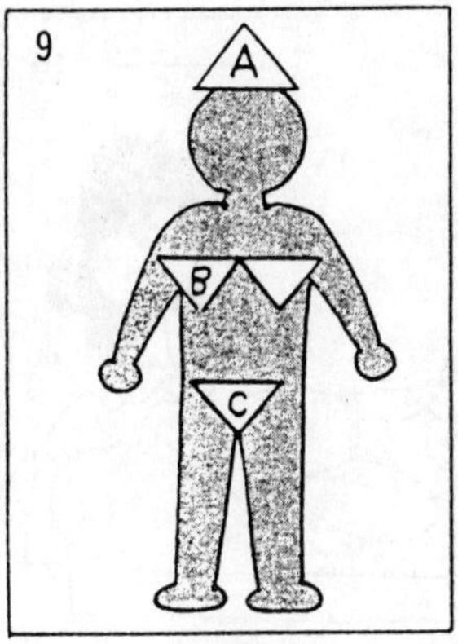

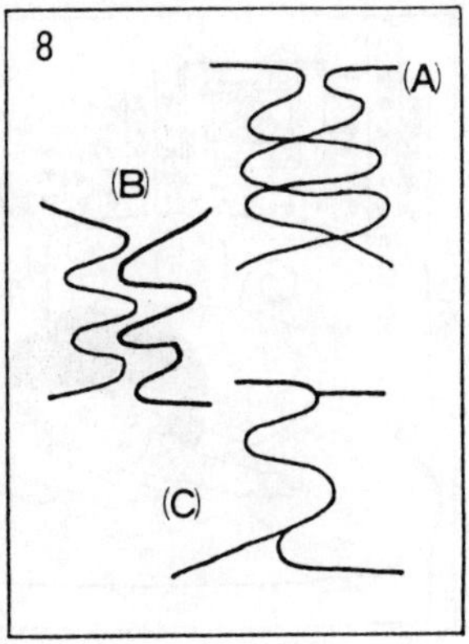

前頁圖的各門當中，你最想打開的是哪一扇？

測驗8

若用圖形來表示男女間的關係，你認為上面圖畫中，哪個最恰當？

測驗9

上面的人形中，(A)、(B)、(C)當中，隨你用個三角形裝飾上去時，你會畫在哪個部分？

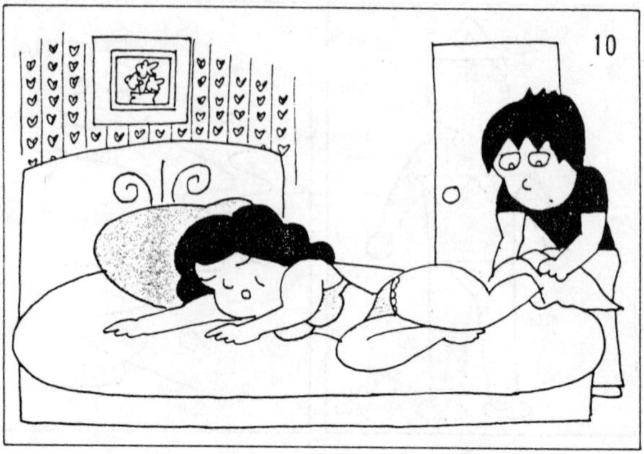

測驗10

一個少年離開了父親和兄弟，只和母親相依為命。有天晚上，母親酒醉，他必須替母親解衣上床。他對美麗的母親，有種像戀人般的愛慕。而母親呢？常把兒子當朋友般看待。接下來，兩人會做什麼呢？

(A)少年抱緊了母親。
(B)少年拍拍母親的肩膀。
(C)少年一直注視著母親。

解答

把你由測驗1～10所得的分數，記在如下的記分表，然後算出總分。

如此，就可知道，你是屬於A～D中的哪個類型。

●計分表

測驗＼答	(A)	(B)	(C)
1	1	3	5
2	1	3	5
3	3	5	1
4	1	3	5
5	1	5	3
6	1	3	5
7	1	3	5
8	1	3	5
9	5	3	1
10	1	5	3

10分～19分　(A)類型
20分～29分　(B)類型
30分～39分　(C)類型
40分～50分　(D)類型

〈診斷〉

A　不滿於平凡的性

你的心中開始對此平凡的性有所不滿了。你會想去折磨對方，同時，也想讓對方折磨你。

你們之間的愛，在不知不覺中已變形了。所以，你也許想運用一些道具，嚐試不同類型的性。你在對方的引導下，可能做出很不平常的事，蓋，你有強烈的好奇心。

B 在做愛時，你希望變成別人

你一直是個嚴謹的人，口中絕不談性事。但，在只有你們兩人的時候，你就會非常的狂野、熱烈，且採取積極進攻的方式，以感受刺激的性。不論是說話、舉止，你簡直是判若兩人。

對以這類型女性為妻、為情人的男性而言，看到對方狂野的模樣，會懷疑且嫉妒，她是否跟別的男人也這樣?反之，女性看到男性如此這般，也會擔心她的男友或丈夫，跟別的女性也會這樣。

事實上是絕無此事的。這種人對性非常地忠誠，所以他可以一直是個鶼鰈情深的好伴侶。

C　在心裡深處有著異乎尋常的慾求

你在心底有著一些異常的慾求。不過，並不喜歡過於赤裸裸的性慾。你不喜歡縱慾，只想稍微享受一番。

不過，由於心底有著異常慾求，在極高的好奇心驅使下，你會將這些慾求表現在床上。這一些異常，常會為兩人間造成愛的刺激。有時，你也會去嚐試一些與平時不同的體位，而由此得到性方面的滿足。

D　拘謹而淡漠

你是屬於淡漠型，對性本身不是很有興趣。你不會積極地設法去享受性。你只是認為，性是天經地義、應該做的罷了。由於你是很拘謹的，所以，對方若要求改變體位和技巧，你會用奇怪的眼光看他。

有時候，你會覺得性頗麻煩的、頗單調的。為此，你會不滿足於對方。

●傳授佔上方點子的教室②

白與黑之賭

左邊的「白」方塊和「黑」方塊，哪個面積比較大呢？恐怕十人當中，有八人會回答：白與黑是一樣大的。如果你押的是黑色，你就贏了。

為什麼黑的面積比較大？而且，你若一直盯著黑方塊看，還會覺得它愈來愈小哩。

（解說請看82頁）

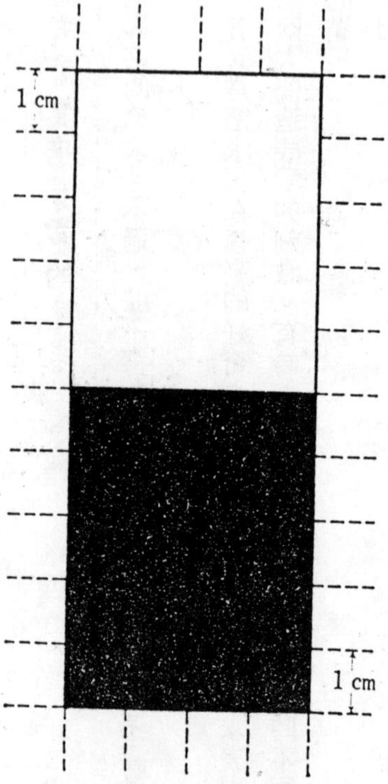

問題14　鼻子・性測驗

這張臉的畫，省略了鼻子，你認為應該在臉上畫個什麼樣的鼻子？請畫上去。

解答

(A) (B) (C) (D)

請看看自己畫的鼻子，就其特徵，與下面相類似的做一比較。

畫一直線的鼻子(A)——以女性居多。尤其是對自己的面貌有自信的女性，多為美人型。男人若畫此種鼻子，表示非常女性化，很神經質。他是在「衆女之中」的環境下成長的男性。性的慾求較貧乏。婚後，喜歡採女性上位。

半圓型(B)——對女性有著恐懼感，喜歡柏拉圖式的愛情。若為女性，則屬於攻擊型、歇斯底里型。

三角形的穩重型(C)——性的滿足型。對自己的表徵很有自信，在性方面非常成熟。少有童貞者。

塗黑型，或畫斜線型(D)——愛好自慰型。太在意自己的表徵。或許正患著性病。

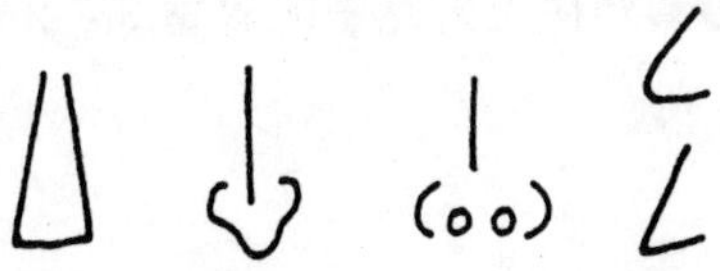

(E)　(F)　(G)　(H)

省略型(E)——把鼻子畫的像鑰匙或漫畫般的畫法。是個羅曼蒂克的人，喜好文學上的表現。性方面是未成熟的。

鼻孔畫的很大的(F)型——性方面稍有些放蕩，是精力充沛的人。在社交方面，交女朋友的手腕很高。

漂亮時髦型(G)——文學少女型。稍有點神經質，對戀愛、婚姻有著夢般的憧憬。若為男性，乃屬於理想主義者。較偏於理性，沒有勇氣去談性。但是，在技巧方面堪稱一流。具有天生取悅女性的才能。

長的鼻子(H)——對性有著極大的自卑。很懊惱性器過於短小，所以對女性不自覺的會產生自卑感。很有可能是個性無能者。

＜解說＞藉著畫人的臉來測驗性格，是美國心理學家古德伊納夫所創。其後，便出現各種各樣的研究。

尤其是，由鼻子的形狀，可以想像其在性方面的情況，所以，有關鼻子與性的研究甚多。女性畫鼻子的方法，與男性有很大的差別。

●傳授佔上方點子的教室③

〈78頁的解說〉

黑的面積比較大。既是用眼睛來測定，同樣長度的四方形面積，當然是一樣的，但是，除此大的四方形之外，在白的四方形周圍，有三個黑線形成的四方形。此部分黑色的面積較寬，另一方面，白色四方形就比較窄。

此處就是造成觀者的盲點所在，此外，黑與白的對比，也易造成心理上的錯覺。比較如圖的兩個正方形看看，同樣大小的(A)、(B)，看起來就是不同。

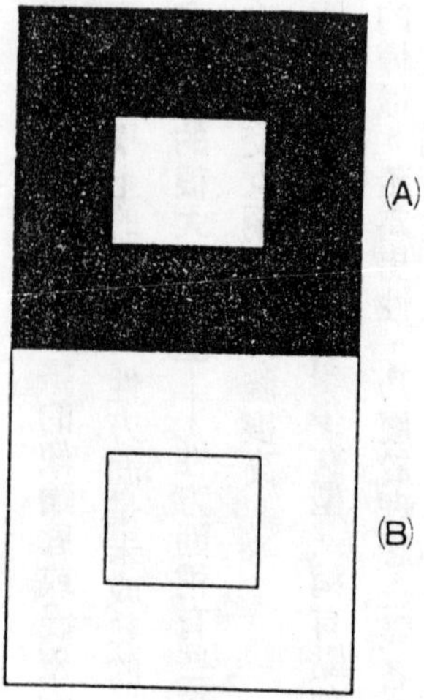

問題15　檢查你的慾求不滿度

這是一個要測驗一對情侶或夫妻，在性的方面是否一致，兩人的性慾求不滿程度的測驗。請不要想的太多，只要憑直覺回答即可。

下面有四個圖形，請先看一看。

你們倆人分別就自己喜歡的順序，用鉛筆畫在別的紙上，畫好後，兩人再互相比較所畫的順序是否一樣。

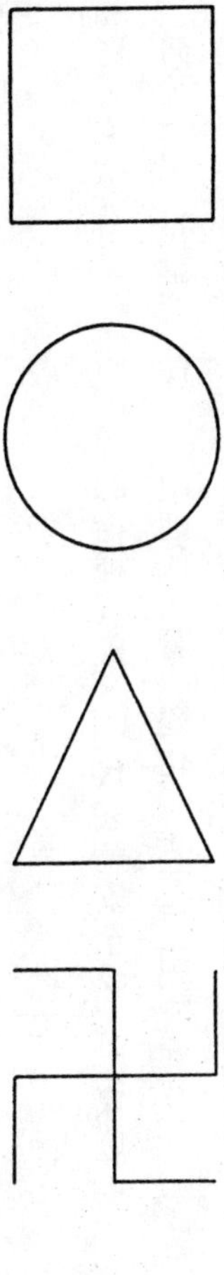

解答

這些圖形，象徵著人們深層心理的種種現象。□代表「安全」、「家庭」，○代表「愛」、「體諒」、△代表「性」，卍則代表著「變化」、「自由」。

在這些圖形中，你將哪個圖排在最前面，就可知道你現在心理狀態如何了。

如果你將卍排在最前面，就表示你想追求「自由」，對婚外情有著很高的憧憬。相反的，把□排在第一的話，就表示你把家庭放在第一。△放在第一的話，表示你對性的期待最高。

兩個人的圖形順序若是一樣，就表示你倆情投意合，絕不會有摩擦的。

依△所排的位置，可判斷出你倆對性的關心程度。

把△排在第一個……A類型

把△排在第二個……B類型

把△排在第三個……C類型

把△排在第四個……D類型

A類型——超H型

腦裡隨時想著性的你，屬於超H型。你喜歡追求刺激，喜歡看色情片、春風畫。只要有機會，你就會拈花惹草。

你很喜歡在人們不注意的奇怪地方尋求刺激，你對享受性的熱情，比任何人都強。對這種類型的人而言，精力充沛的活在性之中，大概是最有意思的事情吧。

B類型——一般H型

對性的興趣程度很平常，當然，對相愛之人，會要求性行為的類型。但，你不會勉強去求，只是適當地享受性的樂趣。

當以性為話題時，你也會顯得蠻有興趣。

夫妻間自然地會以性為話題，追求相互的刺激。只是，此類型的人，不會把性看的比工作重要。

C類型——羅曼蒂克型

你不喜歡赤裸裸的性，你所希求的，僅是兩人一起旅行、或羅曼蒂克交談的氣氛。你討厭開門見山的性，是希望肉體與心靈取得平衡的人。與其說為了享受性，不如說是欲藉由性，強化兩人的愛情的人。

D類型——極端拘謹型

你隨時都是很拘謹的人，對性也有諸多顧忌。無法忍受對方在性方面，表現得赤裸裸的。你是具有潔癖，絕對不能容忍對方在外胡來的人。

問題16　為難女子的繪畫難題

圖中的門，並沒有把手。請依你自己的喜好，畫上把手。你可以請你的女友，或酒吧裡的女服務生，試試此測驗。

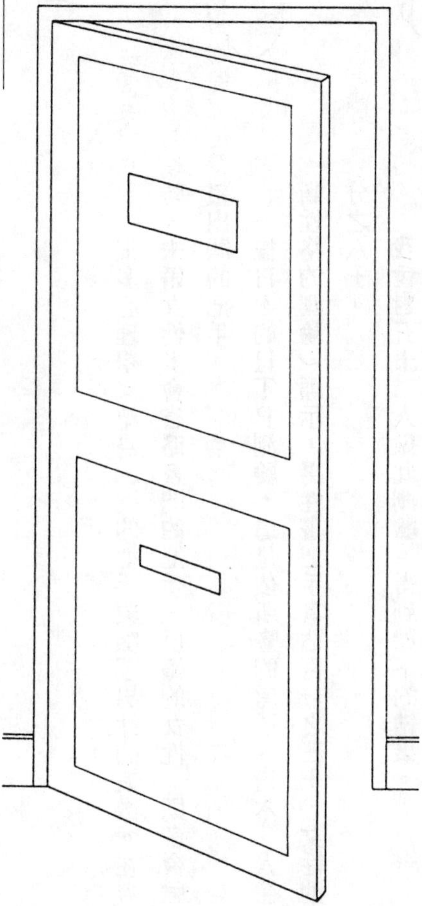

解答

(1)　(2)　(3)

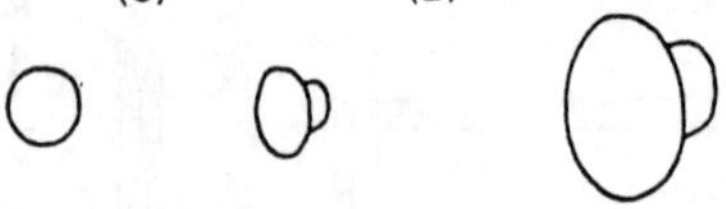

很多心理學家認為，門的把手象徵了男性的表徵。在畫房子時，未婚女性多會省略畫門的把手，已婚的女性，則多會強調地畫出門的把手。

據日本的HTP測驗（這是依所畫的房子、樹木、人像來診斷性格的測驗）顯示，男性畫把手者佔百分之三十，女性則佔百分之六十。

我曾對五十二人做此測驗，得到如下的結果。

●把門的把手畫的又長又粗的人　(1)圖——乃是對性強烈關心，稍有慾求不滿的類型。畫如此般形狀的酒吧女服務生，表示性精力很強。

(4)

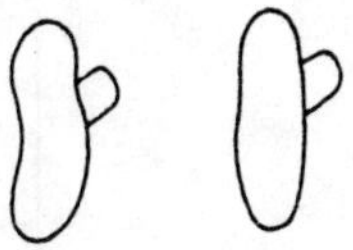

●把門的把手畫的小小的人　(2)圖——對性很淡漠，也少有關心。

●把門的把手畫成圓形的人　(3)圖——乃屬於少女的女性。比較追求性的氣氛，但性方面卻不很強。有的人對「丈夫有所不滿」。

●變形的把手　(4)圖——喜歡作弄男性。易追求變態的性。

問題17 唉呀！怎麼突然冒出黑影？

夜裡，有個年輕女性獨自走著，當她走到轉角處時，突然「唉呀！」的驚叫一聲。在牆角處究竟是什麼東西。這「黑影」，你認為是什麼東西？把你所想像的答出來。時間限制為十秒鐘，把你所想到的寫在左邊的空欄裡，然後，與解答比較看看。

解答

首先，請在(A)～(D)中，選出一個與你的答案最相近的來。

(A)「色情狂」、「感覺很奇怪的男子」、「流氓」

(B)「從前的男友」、「從前的愛人」、「朋友」、「愛人」

(C)「狗」、「貓」、「馬」、「蛇」等動物

(D)「鬼」、「惡魔」

答(A)的男性，通常是對性的慾求有強烈不滿的二十幾歲男性。沒有女朋友的人，在一百五十人中有六十二人答(A)。

答(A)的女性，非常的神經質，對男性有強烈的警戒心。

答(B)的人，屬於凡事會朝黃色去想的幻想家。對戀愛有很強烈的憧憬。當理想的對象出現時，很易陷於熱愛。

答(C)的人——最單純，以小學生或中學生為多。若是大人的話，人際關係比較消極，總喜歡躲在自己的殼裡。

答(D)的人——最特殊型。此種類型的人，對平凡的事物不感滿足，什麼事都很喜歡追根究柢、反覆的想，是乖僻型的人。自尊心強、很有自信。對工作、家事、學歷等，都很講求。

此測驗，是把羅森拜克所想出的「慾求不滿的測驗」，稍加變化而成的。

實驗中所做的各種答案，可以讓人們藏在心中的不滿投影出來，(B)和(D)相當於羅森拜克的內罰之反應（凡事易認為是自己的責任），而(A)相當於外罰之反應（對其他的事表示不滿），(C)則相當於無罰之反應（不會對什麼事情有所不滿）。

問題18 蛇和性

在下圖中，請你在所喜歡的部分，畫上一條蛇。你要儘量的像孩子畫的般，愈簡單愈好。

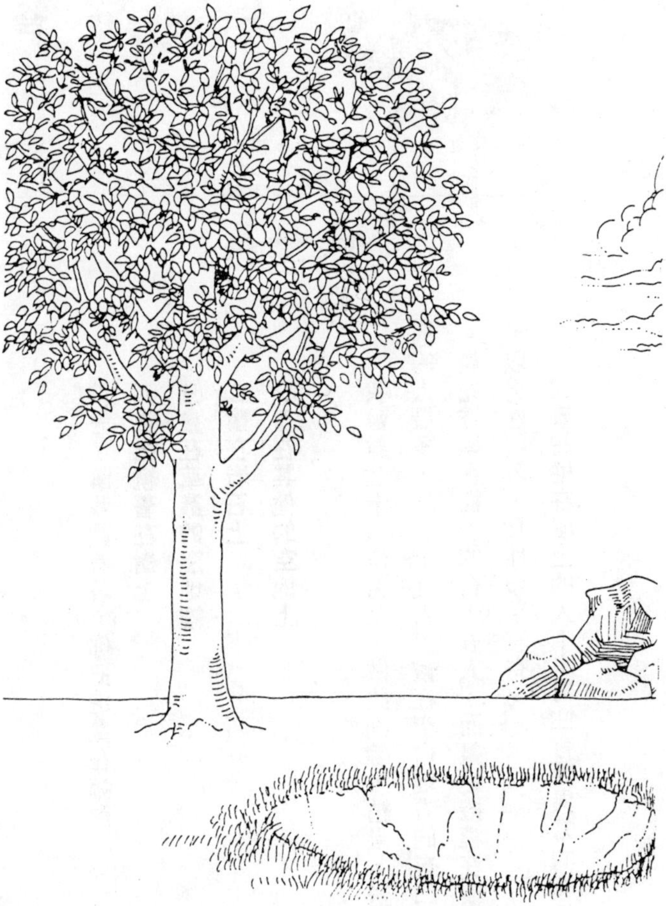

解答

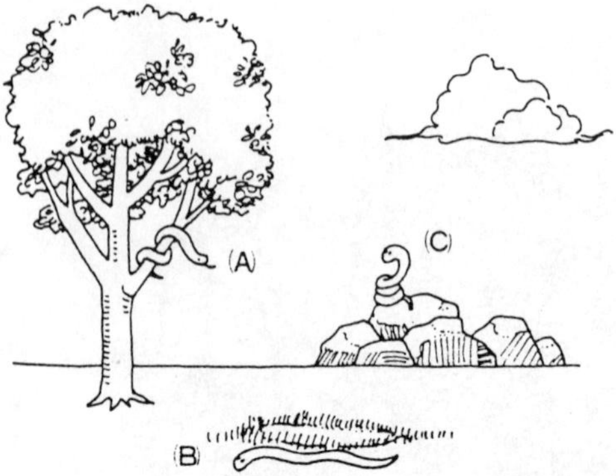

首先，讓我們看看，你把蛇畫在哪裡？

(A)畫捲繞著在樹上
(B)畫在草叢的窪地裡
(C)畫在岩石上
(D)畫在其他的空地上

我曾對七十八位男女，做此測驗，結果，畫在草叢裡的人最多，計三十九人。畫在空白地方的有二十四人。畫蛇捲繞在樹上的有十五人。而畫蛇捲繞在樹上的人，以男性居多，女性幾乎沒有。

(A)畫蛇捲在樹上的人——對性有著異常的興趣和關

心。特別是，有一種喜歡虐待對方的興趣。

(B)畫在草叢裡的人——較女性化的性，喜歡追求被動的性刺激，稍有喜被虐待的傾向。以女性居多。

(C)畫在岩石上的人——對性方面，表現冷漠、冷感。一般說來，對性的興趣不高。

(D)畫在其他空白地方的人——屬於常識性的性，對健康有著較健康的關心。

畫蛇的方法，也可做如下性的判斷。

像圖(1)般，捲成一團的畫法——不管男、女性，都有強烈的性慾。

像圖(2)般，把蛇身畫成直直的一條——性方面較弱。也處於精力不足的狀態。

其次，有否畫成舌頭？也可做如下的補充判斷。

畫出舌頭的人——對性較關心，也有強烈的興趣。

沒有畫出舌頭的人——對性比較淡漠。

以上的三種判斷方法，可以判定性的程度。例如，若是畫成如下的圖時——

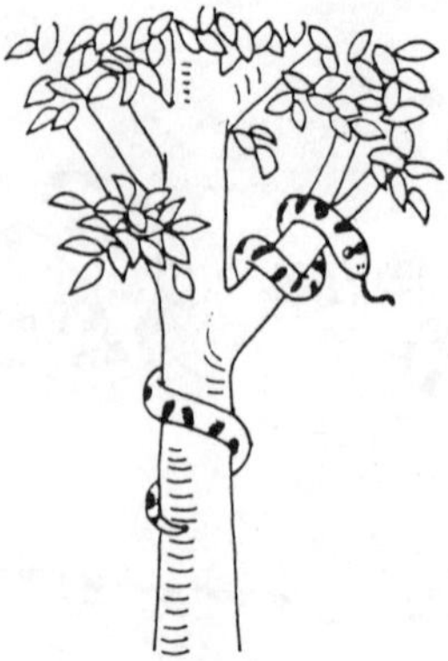

Ⓐ**的蛇**——由畫出「樹木」一點來看，對性方面有著異常的興趣，而捲成一團則表示很男性化。畫出舌頭也表示對性有強烈的關心。

Ⓑ**的蛇**——畫在草叢裡，故，屬於「被動式的性」。蛇身畫的像條繩子，表示精力很差。沒有畫出舌頭，意味著對性少有關心。亦即，若男性畫成這樣，可判斷其在性方面是屬於較女性化的，對年長母親型的女性，性格反應較弱。

第三章
想像測驗

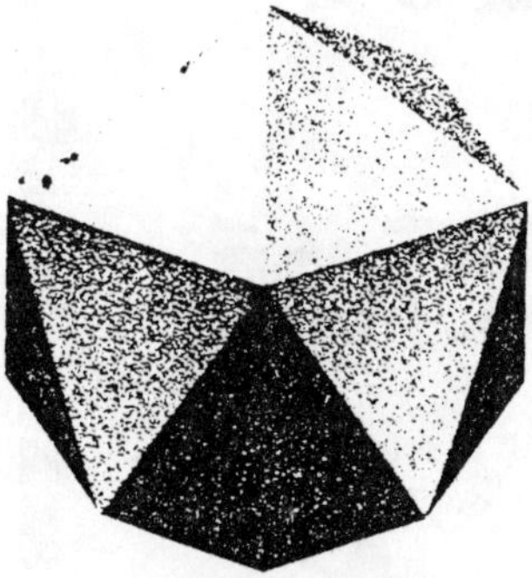

看了以上的測驗，你可能會驚訝的發現，在你的心中居然還有「另一個自己」。

下面的測驗，是要探知身為現代人的你，感覺及獨創性如何？你是否有著平均以上的表現？

問題19 對標籤之感覺測驗

此為世界聞名的雀巢即溶咖啡的標籤。為了做此測驗，我們只取出英文字母，如果是你，你會選擇下列四種字體中的哪一個，放入空白處呢？

(1) NESCAFÉ

(2) NESCAFÉ

(3) Nescafé

(4) NESCAFÉ

NESTLE
INSTANT
COFFEE

解答

據路易斯・開斯汀的色彩研究所實驗得知，(1)的字體會予人最好的印象。

雀巢為研究商品的標籤，從各個角度衡量，才定下現在的標籤方案。關於其詳細情形，L・開斯汀在其所著的『人們為什麼要購買？』書中，有詳細的說明。

曾有八百一十四人，看過這些字體。調查其對各字體的印象，有如下的結果。

(A)

	（有好印象）	（沒有好印象）
(1)的字體	百分之六五	百分之三五
(2)的字體	百分之五九	百分之四一
(3)的字體	百分之三三	百分之六七
(4)的字體	百分之五五	百分之四五

然而，實際上，雀巢咖啡現在的標籤，使用的仍是一向採用的(4)的字體。

由於很多人認為雀巢標籤上的字體，很難看得懂，於是，名設計師艾德蒙・亞蘭斯遂將此標籤加以改良。圖(A)，就是舊的雀巢咖啡的標籤。設計師只改良了標籤上的字體，顏色仍採相同的顏色，且做了一項測驗。

結果，採(1)字體的圖(B)標籤，最能吸引消費者，色彩研究所便向雀巢公司推薦(B)的標籤。

(B)

但是，在今日，因採(4)字體的雀巢商標，已予人強烈的印象，所以，該公司仍沿用舊標籤的字體。而，為了加強文字予人的印象，遂在雀巢字樣的上面，加上一王冠記號。單是如此，就變化了雀巢予人的印象，使人對它的印象更深刻。

問題20 你的健忘度如何？

接著的十個題目，是要考察你的記憶力。請邊回顧你之前的生活，邊做此測驗。

①你常忘記和他人的約會？

是　否

②看到似曾相似的人，卻無法馬上想起他是誰？

是　否

③你記得你爸爸的生日嗎？

記得　不記得

④你記得鄰居房子牆壁的顏色嗎？

記得　不記得

⑤你還記得小學二年級時，坐在你隔壁小朋友的名字嗎？

記得　　不記得

⑥你還記得昨晚與你最後見面的那人名字嗎？

記得　　不記得

⑦你還記得昨晚晚餐吃的菜嗎？

記得　　不記得

⑧你還記得三年前暑假時旅行的地點嗎？

記得　　不記得

⑨你能憑記憶說出兩個以上的親朋好友之電話？

能　　不能

⑩你還記得昨天最先遇到的女性，身上穿的衣服顏色嗎？

記得　　不記得

解答

有七題以上回答「記得」的人，表示其記憶力相當的好。此種人能充分地發揮注意力、觀察力，是個對凡事皆關心的人。因此，與記性差，對凡事都不關心的人比起來，在人際關係上，較能給對方好印象。

另外，像此測驗般，對於日常生活的記憶，女性比男性正確且記得多。

「和他第一次的約會，是在兩年前的三月四日，那一天從早上就一直下著雨。我和他約好在西門町見面，然後去看了場電影，接著，又到飲料專賣店。他喝的是咖啡，我喝的是檸檬汁……。」說起來宛如是昨天才發生的事情般，可說是女性特有的記憶力，男性鮮少有的。

問題21　長靴的鞋尖朝哪個方向？

近來，出國旅遊已是司空見慣之事，而，看歐洲地圖的機會也多了起來。

現在，請想想看義大利半島的地圖。義大利半島的形狀，以像隻長靴子而著名，請問，其鞋尖部分是朝哪個方向呢？

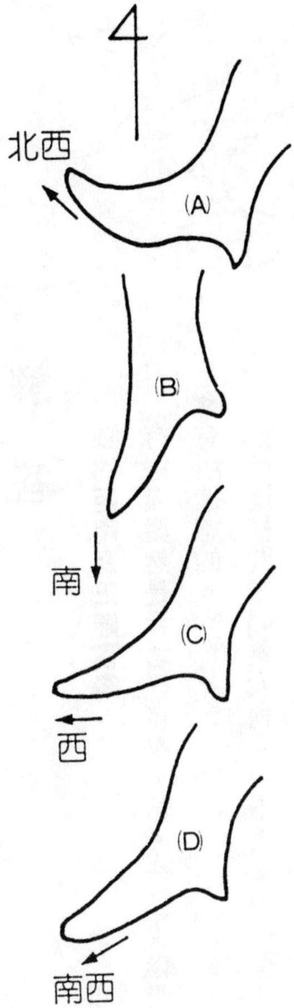

解答

(D)的西南是正確答案。

有些人縱然是看過好幾次，然，一旦被詳問，仍是會有所迷惑的。

把此同樣問題問義大利人，十人當中也有八人不能正確的答出。即，意外的有很多人記不得。

在此測驗中，有的人會基於心理因素，而回答較偏左、或較偏北。

問題22　考驗對記號的記憶

請用十秒鐘看這些徽章，並儘量地記下來。然後，翻到下頁，圈選出與這些同樣的徽章。

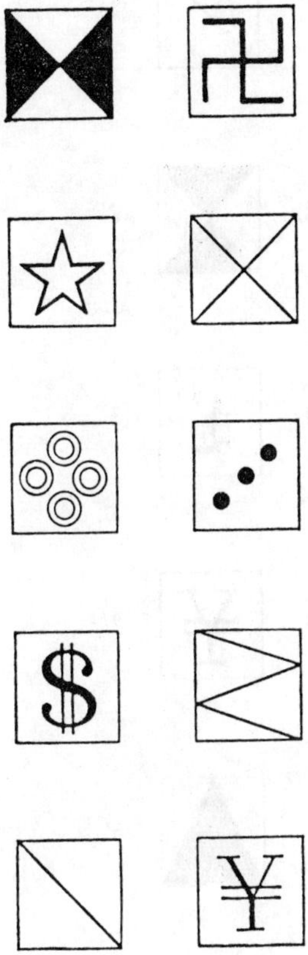

請在下面的徽章中，圈選出前頁已有的徽章。

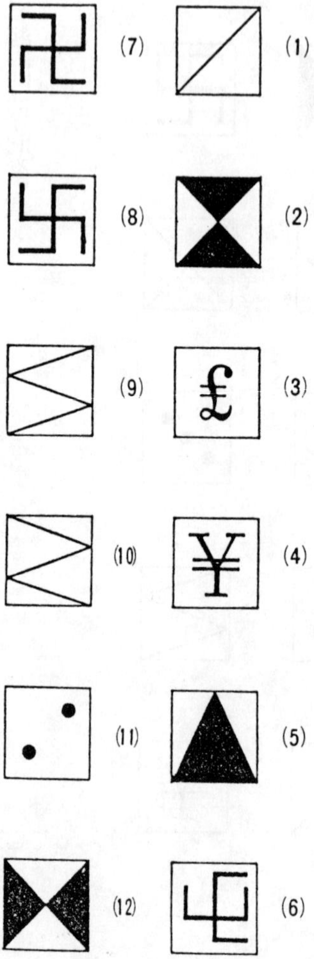

（正確答案在一一四頁）

問題23　廣告的時鐘多半指的是幾點幾分？

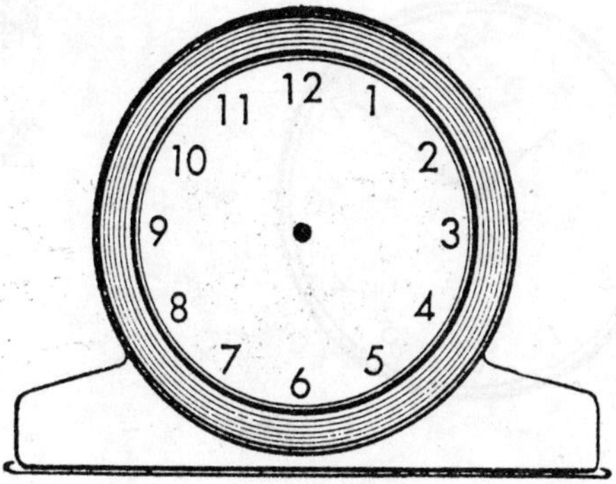

日本和瑞士的時鐘廠商，用於廣告的時鐘圖片或照片，其時針和分針皆指著一定的時間上。

出現在百貨公司的時鐘海報，或報紙、雜誌的時鐘廣告欄裡的時鐘圖片或照片，指的是幾點幾分？請把上面的時鐘圖片，畫入長針和短針。

（時間限制一〇秒鐘）

解答

日本及瑞士的時鐘廠商，通常會把時針和分針指在十點八分、十點十分、十點十二分等，即，一般說來，是在十點十分左右。

美國的時鐘廣告，多半指在八點二十分。

時鐘店的樣品時鐘，一般都是指在這樣的時間上。據說，它意味著林肯被暗殺的時間，不過，事實上，此時間的時針與分針的位置，乃最具平衡及最美的效果。

十點十分和八點二十分的時間，時針和分針剛好呈一對稱角度。

如此般的，很多人注意到時鐘廣告裡，時針和分針的位置。

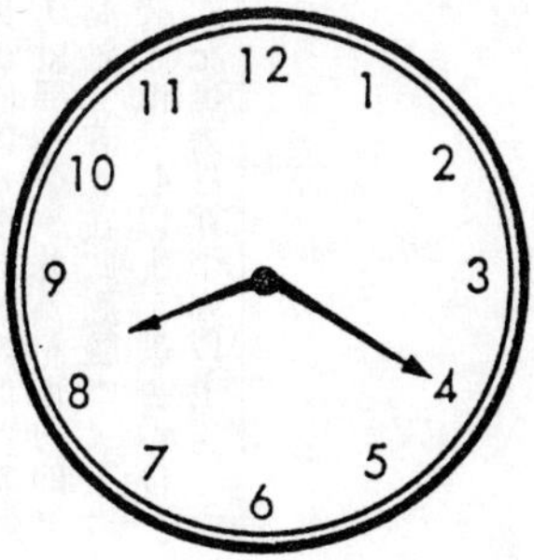

能正確回答此問題的人，可分兩種。

(1)以前就很注意到此問題的人。

(2)只是單憑感覺，認為應在此位置的人。

(1)的情形，多半是注意力、觀察力敏銳的人，屬於易注意細微處的類型。

(2)的情形，多為職業設計師，或美感較高的人。

〈一一〇頁的正確解答〉

(4)、(7)、(10)、(12)四個。你的正確解答是如何呢？如果你圈的是與此無關的徽章，就要扣分。此為記憶力的測驗。若能在此測驗中，正確記憶三個以上，就表示你的記憶力是在平均以上。

在沙漠迷路時

若你在非洲的沙漠中迷了路。但，你知道，一直向南走，就能到達離此最近的城市。此時的手錶指的是午後三點三十分，熱烘烘的太陽高掛在天空。怎麼辦？你能在沙漠中找出「南」的方位嗎？當然，你的身上既沒有磁石也沒有羅盤針。

〈方法〉

找出「北」的方位在哪兒是較容易的。最好是在你開始迷路的地方，就來確定自己的位置，此為突破危險的最重要條件。即使是迷了路，若擁有確定冰袋的技術，就可安心一點。但是，在沒有磁石的情形下，要用什麼方法來確定方位呢？

知道方位的最簡單方法，就是利用太陽和手錶。此方法，在北半球和南半球是稍有不同的。

●傳授佔上方點子的教室④

南半球的地方

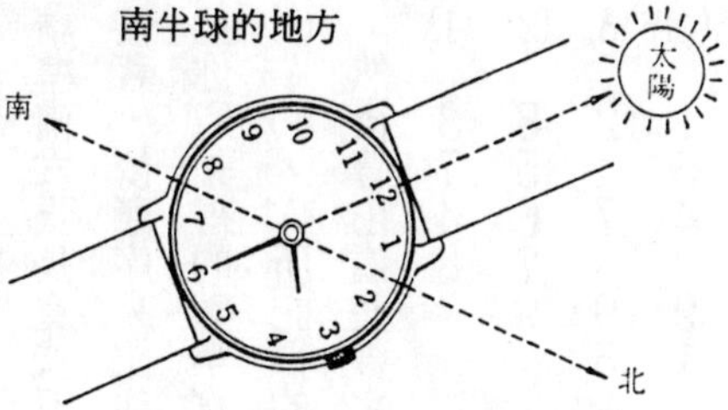

●北半球的情形

首先，把手錶的短針朝著太陽的方向。此時，短針與十二點的中間，就是「南」。

當然，其對角線上的相反方向，就是「北」。

●南半球的情形

在南半球的話，先把手錶上的12數字，對著太陽的方向。然後，在現在位置的時間，短針所指的位置，和數字盤上的「十二點」的中間是「北」，相反的方向就是「南」。

此測驗中，非洲是位於南半球，因此，用這個方法就可判斷出「南」的方位。

現在的時間若為「三點三十分」，就如上圖般，南方的方向就可知道了。

問題24 數字的速度記憶術

請準備六張長寬皆五公分的白紙。然後，在每一張紙上，寫左列⑴～⑹的數字。

接著，依順序來記住六張紙上的數字。時間限制為三十秒鐘。三十秒鐘過後，翻過紙來，把你所記得的數字寫在紙上。

⑴～⑹，你所記得的有多少呢？你可以和朋友一起做此測驗，三十秒鐘後，把紙交給朋友，然後背出這些數字。有的人可能只能背到第⑶張，不過，也有能統統背完的人。

⑴ 3748
⑵ 85679
⑶ 247395
⑷ 154291
⑸ 8239147
⑹ 4139531

解答

記數字時，一般人的記憶力，可記到七個數字。八個以上的數字，則較吃力。在此測驗中，能記得⑴～⑷的人很多，能記得⑸、或⑹的人，就不多了。要記住⑸、⑹的七個數字，是相當困難的，可是，如果把它分成三位數、或四位數來記的話，就容易的多了。

此種性質也可利用在記電話號碼上。把電話號碼分成局號三碼，個人號四碼，就很容易記住了。

問題25 奇怪的滑雪板痕跡

左邊的圖，所畫的是某滑雪場的練習場。滑在前面的男性，回過頭大聲叫道：「喂，快點來呀！」

跟在他後面而來的女友，也跟著滑下來，當她看到他的滑雪板痕跡時，驚訝地叫出：「唉呀！」

因為，在兩條滑雪板痕跡的中間，有棵樹。他是怎樣滑過去的呢？

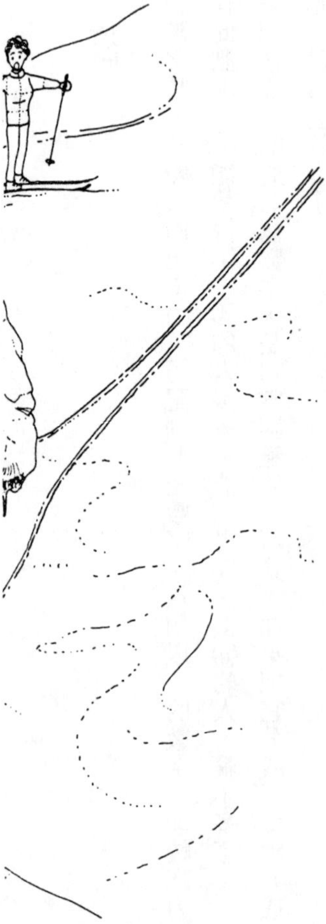

解答

此測驗，是要測驗你的幽默感。如果你在想的時候，一直意識樹木的存在，你就屬於不超出常識的人，應該說，你是沒有什麼幽默感的人。

照此圖片來看，它根本不符合現實，你再怎麼去設想，也是根本不可能的事。

但是，如果是——「這棵樹小的正好讓他兩腳跨過去」般想的人，可說很有幽默感，很有幻想力的人。

問題26　啊！快被岩石擠扁了？

我們看到有個登山家正在崖上。這位登山家，是正要往上爬？還是正要往下爬？

如果他既不是要往上爬，也不是要往下爬，而正是被卡在兩塊岩石中，豈不就要被岩石壓扁了？

解答

有的人看了此圖後，馬上就會回答，此人正要往下爬。有的人則回答：「不，這個人正要往上爬！」

又有的人則會說：「這個人既不是要往上爬，也不是要往下爬，而是正卡在兩塊岩石之中，就快被岩石壓扁了！」

當你心情愉快時，你會認為此登山家正鼓鼓有勁的往上爬。但是，當你心情不好、消極、疲倦時，看了這幅畫後，你會認為登山家正要往下爬。

另外，當你心有不安、急躁、難過時，你會認為這個人正卡在兩塊岩石中，快要被壓扁了。

印象控制的世界

同樣的一幅畫，由於看的人其心理狀況之不同，看起來就會有不同的印象。此種心理就稱之為「投射」。

當看某一事物時，如果觀者當時的心理狀況是暗淡的、不愉快的，他就是對此事物留下鬱暗的印象。如果他當時的心情是很愉快，他就會對此事物留下明朗的印象。人的此種「投射」印象，依當時的心理狀況而有所不同。

有一種心理測驗，是讓受測者看一種近似墨汁污染的圖形，藉此來診斷其心理。此圖形，是個沒有什麼意義的圖形，但由於觀者的不同，而有各種各樣的不同答案。

有的人會把此墨汁所形成的圖形，看成一個鬼怪的臉，或像惡魔般的東西。但，有的人看了此圖形，卻會覺得像是一張「動物的笑臉」，把它看成較明朗的圖形。

共同的印象與特殊的印象

聽到「檸檬」、「酸梅」的字眼時，任何人的口中都會分泌出唾液吧。那是因為，「檸檬」、「酸梅」的字眼，會讓人聯想到「酸」的感覺。

不過，有的人聽到「檸檬」、「酸梅」的字眼時，會想到「鄉下」、「加州」哩。印象中有大家會共同想到的聯想（例：檸檬——酸）之印象，也有（檸檬——加州）般的，因各人的體驗和知識所引發的聯想。

印象的暗示效果

有人說，人是一種易接受暗示的動物。你若認為「不行」，就算情況還很順利，結果就可能變得不行。相反的，你若一直想著「很順利」的話，即使情況並不順利，結果，很多時候，情況就會變得很順利。

美國作家歐•亨利著有《最後的一片樹葉》一書。裡面描寫一位生病的少女，一直認為自己來日無多。有一天，她躺在病床上望向窗外的一棵樹，這棵樹的樹葉正一片片的落下來。她想，當這棵樹的樹葉全都落光時，也是她的生命告終時。

沒想到，最後的一片樹葉，任風怎麼吹也不掉下來。看了這片葉子的少女，也萌生「我一定也會好起來」的意志，果然戰勝了病魔。

原來，這片葉子是被黏上去的。少女的某朋友，知道了她的想法，在半夜爬到樹上，把這片葉子緊緊的黏在樹上。

就像此故事所指的一樣，人都會因某種暗示，而大大的鼓起勇氣。

正面的暗示和負面的暗示

此種心理上的印象，也有兩種類型。其一是可以強化人心，給與正面印象的暗示。歐・亨利小說中讓主人翁恢復健康的樹葉，就是一種正面印象的暗示。

相反的，也有使我們把情況往壞的方面去想的暗示。

如一開始，看到樹葉一片片落下的少女，就有「這棵樹的樹葉全落光時，也是我的生命告終時」的印象，這就是負面的暗示。在人生的過程中，能獲得成功的人，多為能掌握把負面印象改為正面印象方法的人。

問題27 徵求電影劇本

這兒有兩幅背景和人物的服裝等，極端被省略掉的圖片。兩圖片，各由1～4展開了一個故事，當然，故事並不是很明確。請在看了圖片中的動作後，設定你所想到的人物及故事。

例如：(A)的兩人間的關係為何？正在做什麼？(B)的男性正在做什麼？等等，請儘量發揮你的想像力。

(B)
4
3
2
1

解答

從(A)圖片中兩個人物的動作，看出一個是女職員，另一個是其上司的人，可說是幻想力、判斷力極敏銳的人。

有個面向打字機或電腦坐著的女性，突然，平日就仰慕她的上司悄悄走近，想要抱住她。女性回過頭來給了上司一個巴掌。不認為圖中女性是在工作，而是面向鋼琴者亦可。

至於(B)圖，認為此男性是正乘著電梯的人，可說是想像力極高的人。

來到電梯的入口，他按了鈕。電梯就往上昇了。突然，電梯在樓與樓間停了下來。電梯中的男性，為了求救，手腳併用地敲著門。

諸如此般的測驗，不僅可以測知一個人的直覺力，也可以測知一個人的判斷力和獨創性。

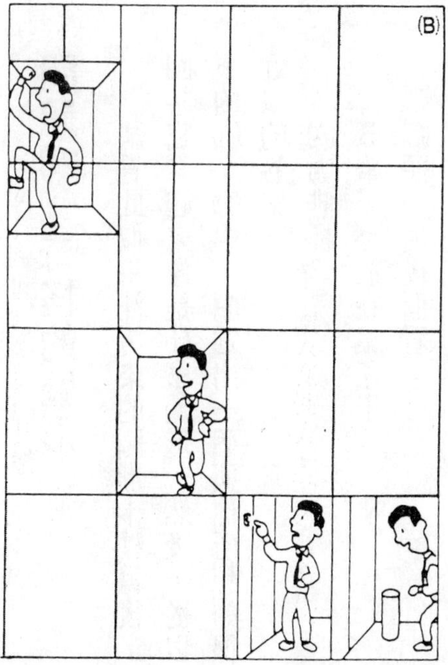

問題28 奇怪的圖形

請看此似墨汁污染的圖形十秒鐘後，回答它看起來像是什麼圖形。然後，從以下的(A)～(D)中，圈選出一個與你所想的很近似的答案。

(A)咖啡杯
(B)鍋子（放在桌子上）
(C)頭（由後面看）
(D)汽車的頭燈

解答

認為是(C)和(D)的人，較男性化，認為是(A)和(B)的人，較女性化。

尤其是聯想到「頭」的人，在公司裡定很活躍。回答是汽車頭燈的人，比起工作，更熱衷於「玩樂」。

聯想到咖啡杯或鍋子的男性，女性度較高，有點懼內症。

〈解說〉

女性看了此模糊圖形後，較易聯想到自己日常使用的、或家裡的東西，而男性，較易聯想到工作或運動等，及男性用的日用品。

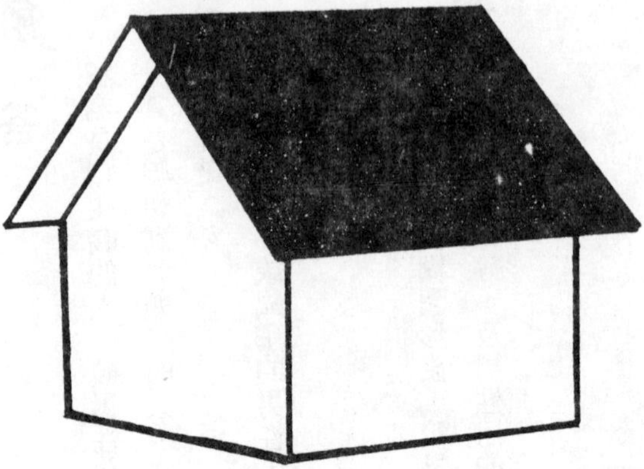

問題29 建築中的房子

上面是一幅未完成的房子圖畫。請依你的想像來予以完成。畫上些什麽東西都沒有關係。

完成了之後，再和下一頁的圖比較看看，找出你所畫的最相似的東西。

（時間限制三〇秒鐘）

解答

由一個人所畫的房子，可看出此人對社會的關心、生活及性格。你畫好了房子的圖後，和下頁的圖比較看看，找出與你所畫的相似的東西。

①只有畫上窗子的人（沒有門、煙囪、或其他）

畫沒有門的房子者，一般說來，生活較不安定。所住的地方也較不安定。性格上頗拘謹，凡事易固守己見。如此畫法的人，小學生佔百分之七十，大學生則占百分之三十五。

②清楚畫出門和窗的人

此種人處於非常安定的狀態，為人誠實。

③畫上煙囪的人

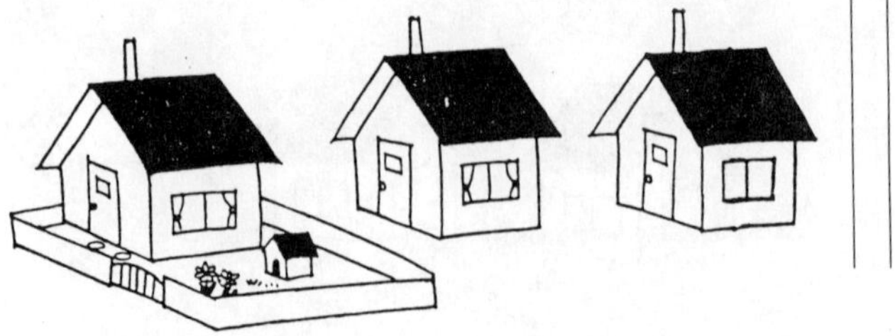

外國人畫有煙囪的人較多，國人的成人則只有三成左右有畫煙囪。煙囪上畫有煙圈的人，有很強的性慾求，若為女性，則有強烈希望被男性愛的願望。

④在窗戶畫上窗帘的人

以女人居多，男性幾乎沒有。畫上窗帘的男性，較有女性的纖柔感，是個幻想家型的人。有同性戀的傾向。

至於女性，一般說來，性格多為歇斯底里型的人。

⑤除了「房子」外，還畫上其他東西的人

一般說來，是脫離現實、天馬行空幻想的人。比較不易接受暗示，很在意他人的看法。若為女性，較易受騙。

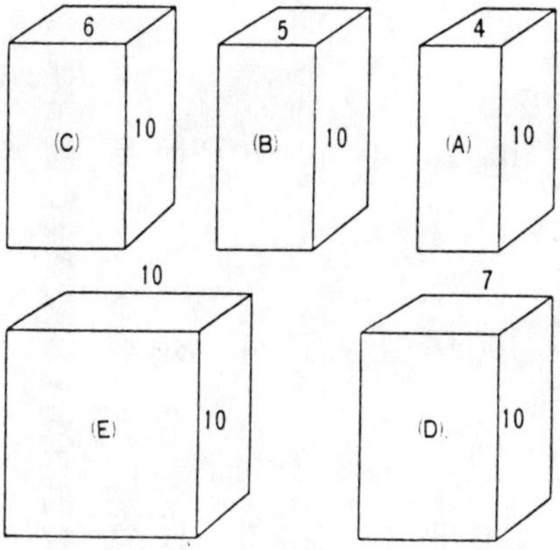

問題30　對箱子美感的測驗

想知道自己有否設計美感的人，做此測驗就可得知了。

假定，你在某肥皂廠商裡擔任設計師。而，新產品不久即將問市，而此製品的包裝箱將由你來設計。

上面的各圖中，你認為哪個箱子最美？

解答

據美國心理學家桑・戴克的實驗指出，能給人最美印象的長與寬之比例如下。

長	寬	認為美的順序
10	3	④
10	4	③
10	5	②
10	6	①
10	7	⑥
10	10	⑤

最美的比例

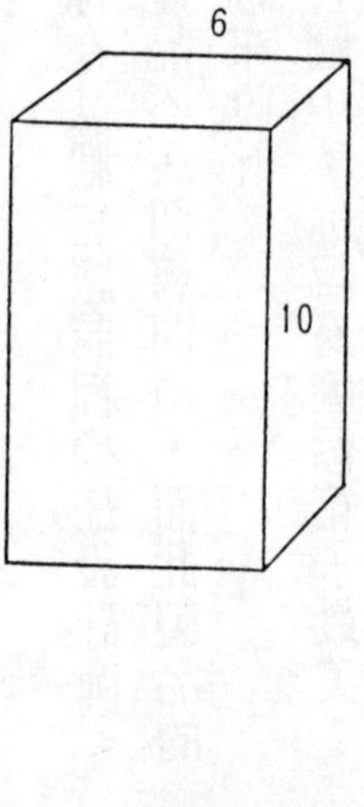

換句話說，認為Ⓒ最美的人所佔的比率最高。身為設計師，最需具備的才能，就是能抓住大眾喜好的能力。就此意義來看，具有認為Ⓒ是最美的感覺，對設計師而言，是最重要的。

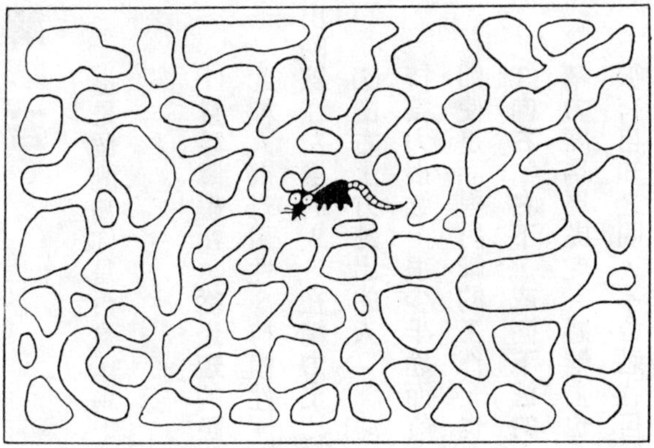

問題31　老鼠的逃路

上圖的中央有隻老鼠。

這隻老鼠正想排除周遭的障礙逃出來。如果你是這隻老鼠，你會朝哪個方向逃？請拿出鉛筆畫出逃路。上下左右，哪個方向皆可。

解答

這是個測知你是否會，馬上變得急躁、馬上會厭煩的測驗。你究竟會往哪個方向逃呢？

(1)排除障礙物，從最短的距離逃出的人

此種人很有耐性、持續性。有精神上的焦躁比率較少，在工作上屬於比較安定型。逃出的線在左邊的人，在精力上比較差。

(2)由右上方逃出的人

持續力很強，很少半途而廢。即使是面對討厭的工作，也會全力以赴，持續到底。陷於苦境，也不會灰心喪志。

(3)向右、右下，或向下逃的人

精力度馬馬虎虎。感情上也有起伏，然卻沒有什麼事可使他有忘我的興奮。很有自知之明，不會勉強自己去做體力負荷不了的事。尤其以女性居多。

(4)向左或左下方逃的人

精神頗不安定，是個易焦躁的人。有任何事都持續不久的傾向。體力上也是缺乏精力，如果不注意的話，就有可能使健康受損。工作上的起起伏伏非常大。

(5)繞個大圈子才逃出的人

性情極焦躁，不論是做人做事，都欠活力。就算是有精力，也很易疲倦。凡事只求馬馬虎虎。

問題32 喜歡的線條、不喜歡的線條

下圖有八種線條，你最喜歡哪一種？請選出一個。另外，也請選出你不喜歡的線條。

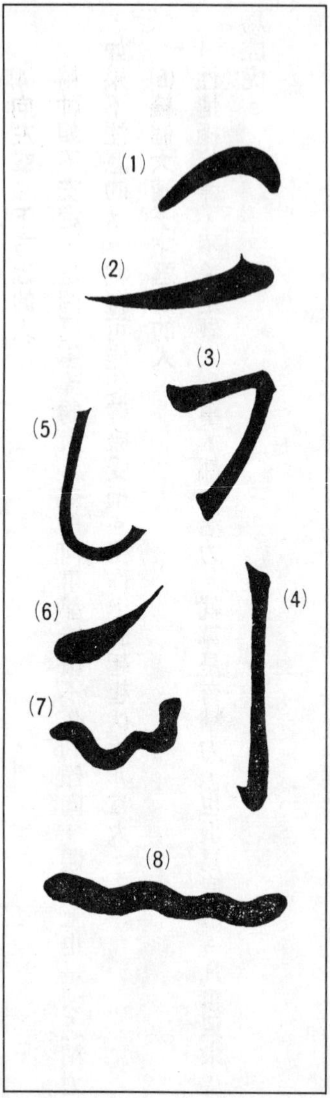

解答

在線條上，也會因人而有好惡之差。

這裡所介紹的，很像書法練習本上的筆畫，曾刊登在法國的女性雜誌《瑪莉・克萊爾》上，是個相當受人歡迎的心理測驗。此測驗要求受測者在觀察的瞬間，選擇出喜歡和不喜歡的線條。

在此測驗中，看了此般線條圖形者的反應，因人而異，而，藉著喜歡與不喜歡的選擇，可得知各式各樣的性格。

首先，你自己選選看。在這種情形下，東方人和西方人的喜好，是有所不同的。

一般說來，東方人傾向於喜歡(4)和(3)，相對的，西方人選擇(5)、(2)、(1)的傾向較強。

另外，不喜歡的線條中，最多的是(7)，女性不喜歡(7)的傾向尤其強烈。不喜歡(8)的人也不少。

如果我們把對文字、線條的喜惡特徵，利用於設計或廣告中，就可得到吸引人的效果。

第⑷和第⑶的線條，對許多人而言，是一種能明確的給人安心感、親切感，共感度較高的線條，但是，較不顯眼也是它的特徵。亦即，它是一種不具震撼性的線條。

相對的，⑺和⑻雖給人奇怪而不佳的印象，可是，若把它運用在設計或廣告中，就具有一種很吸引人的效果。即，⑺和⑻是能給人強烈性的印象的線條，具有強烈刺激的特徵。

有了此觀點後，再看看經常可見的廣告塔或電視廣告，將不難發現，這些廣告裡大量的運用⑺和⑻型的圖形，來發揮其震撼性的效果。

總之，如⑺、⑻般，彎彎曲曲的線條，會給人一種不舒服的印象，但，如⑷、⑶般，看起來很順眼的線條，卻不會讓人留下印象。

強調線條右側時的情形，或強調左側時的情形，因觀者的心情不同而會有不同的印象。如⑵般，右側比較粗，左側比較細的線條，給人一種活潑的、動態的、冒險的、刺激的、未來的印象。

如⑹般，強調左側的線條，就給人一種消極的、羞怯的、神秘的、克制的印象。

因此，如⑵般的線條，就可應用在汽車、飛機、摩托車等商品上。相對的，如⑹般的線條，就可應用在家具、衣服、藥品、銀行等，予以較踏實印象的事物上。

如⑴般，左右較小而中間大的線條，給人平衡、夢與現實的調和、安心感、女性化的印象，所以，可以應用於保險公司和醫院等上。而⑺、⑻般變形型的線條，可以用在個性化的商品、酒吧、夜總會上。

●人的心理實用法②

改掉擦鼻涕習慣的方法——孩子的教養法

有個讀小學一年級的小男孩。

這孩子，平時有個壞習慣，即，他喜歡用衣服袖子擦鼻涕、或擦骯髒的嘴巴。因此，常把衣服弄得很髒。

有什麼辦法稍把孩子的衣服改良一下，以改掉他用來擦鼻涕的壞習慣？

＜方法＞

只要在孩子衣服的袖子處，釘上很多金屬釦子即可。如此一來，想擦鼻涕時就會感到不方便了。最早想出這個主意的，就是拿破崙。當他看到士兵們喜歡拿衣袖擦鼻涕，感到「難看死了」，遂下令，在所有的軍服袖上釘上釦子。

拿破崙以前的衣服袖上，都沒有釘鈕釦的。

第四章
判斷力測驗

如果你對以上的測驗，都很有自信的答對，且，對自己的判斷力、分析力很得意的人，下面的測驗，可能會讓你驚訝的叫聲「啊！」。如果你的自信仍不動搖，你實在是個了不起的人。

問題33 隱藏著謎的樸克牌

①被蓋著的是哪張牌？

如圖併排著八張樸克牌。只有一張是被蓋著，請問這應是哪一張牌？

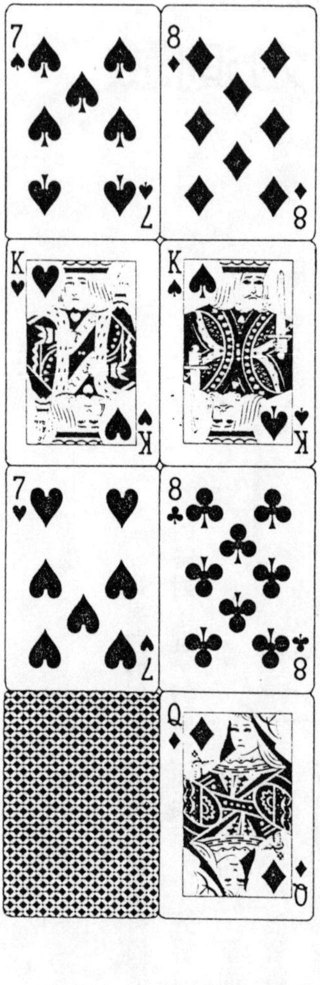

②那麼，接下來的是哪張牌？

九張牌是有規則的依序排下來。那麼，第十張牌放的應是哪張牌？請依著K→Q→J→10的順序，看此樸克牌。

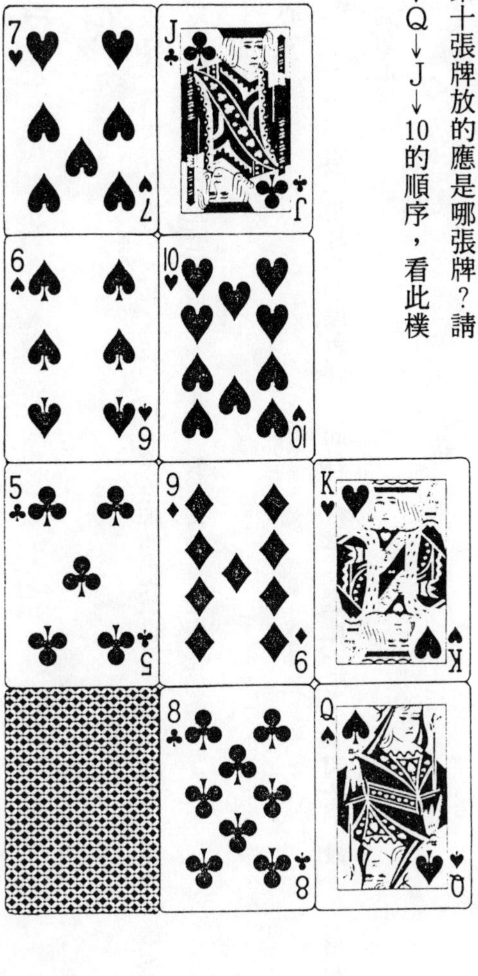

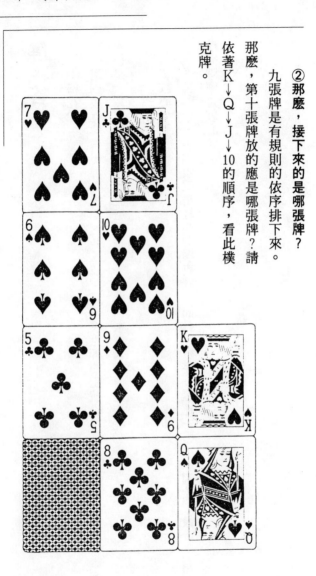

解答

①梅花12

這副樸克牌各出現兩張7、8、13。且，樸克牌的記號也是紅心、讚石、黑桃各兩張。但是，12只有一張，且記號是鑽石。因此，被蓋著的應是梅花12。

②紅心4

從K開始，隔兩張就是紅心的樸克牌。而且，數字一張比一張小。因此，最後一張的樸克牌應是紅心4。

問題34　測驗「第一印象」的能力

你與人見面時的第一印象，是否正確？

請回答下面的測驗，將你所得的分數寫在記分表上，如此，就能測出你的判斷力。

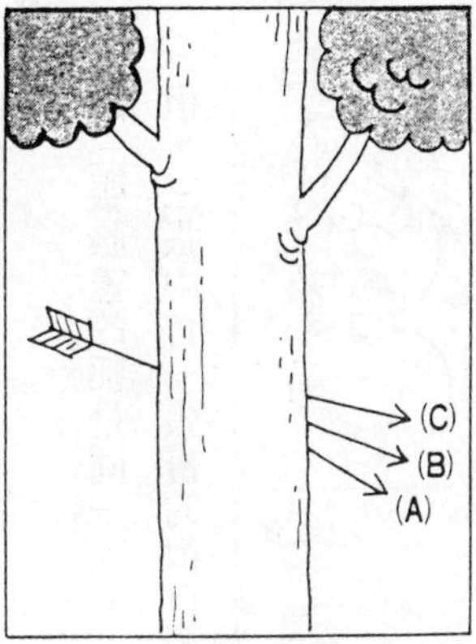

測驗1

如圖所繪，箭射穿了樹。此箭是成一直線射穿樹的，其箭頭應是(A)(B)(C)的哪一個呢？不用尺量的話，你能從中選出正確的答案嗎？

測驗2

此三張臉畫的都是同一人。

但，三張中有一張畫的稍有不同。請問是哪張？

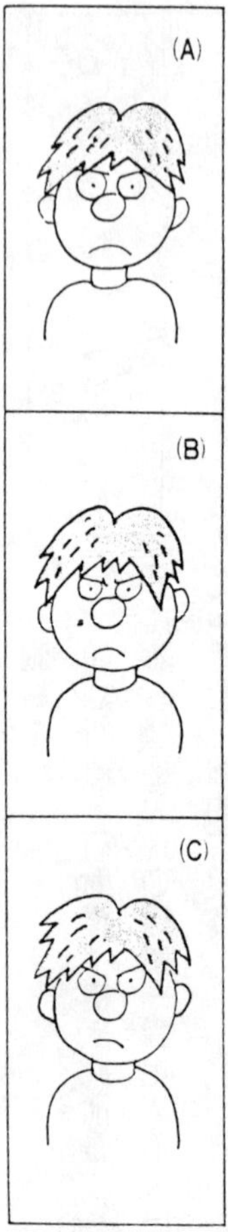

測驗3

圖中的男性向他的朋友洋洋得意的說：「我的新西裝很棒吧！」

可是，朋友卻笑著說：「好奇怪的衣服。」究竟哪裡奇怪呢？

測驗4

上面是著名的可口可樂公司的商標。但是，有的人卻覺得商標好奇怪。究竟是哪裡奇怪呢？

測驗5

假設有個男子站在老夫婦的眼前。請從夫婦的表情，判斷此位老人現在正說些什麼？

(A)「好高興！」

(B)「混蛋！」

(C)「是誰呀！」

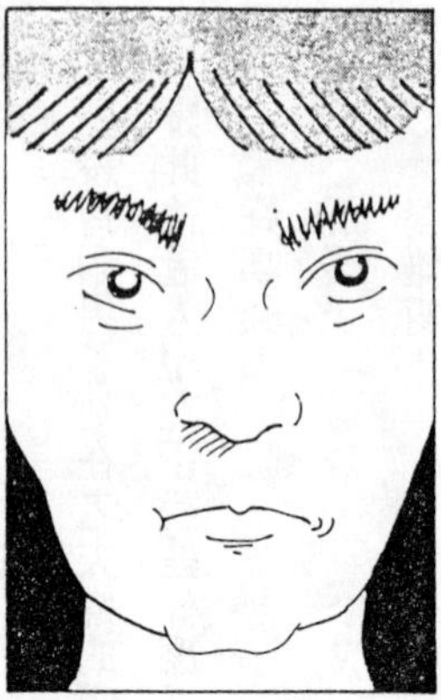

測驗6

此位男性，現在的心情如何？請從他的表情來加以判斷。

(A)生氣。
(B)覺得好可惜。
(C)覺得好可憐。

測驗7

這位女性，現在在說些什麼？你能從她的表情來想像，她在說什麼嗎？

(A)「好驚訝！」、「吃了一驚」。
(B)「你說的對」、「我知道了」。
(C)「好高興」、「好快樂」。

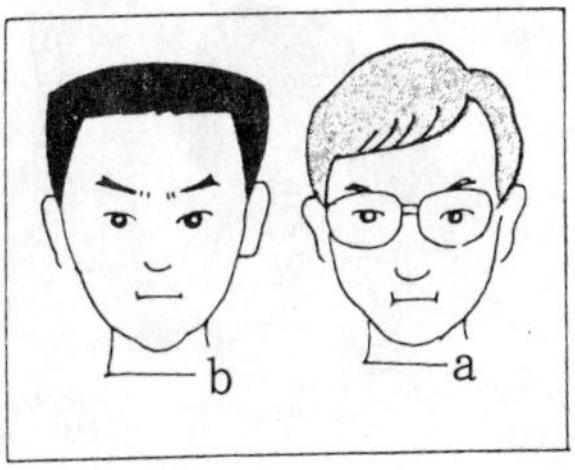

測驗8

哪一位男性的頭腦較好？

(A)a的男性。

(B)b的男性。

(C)不知道。

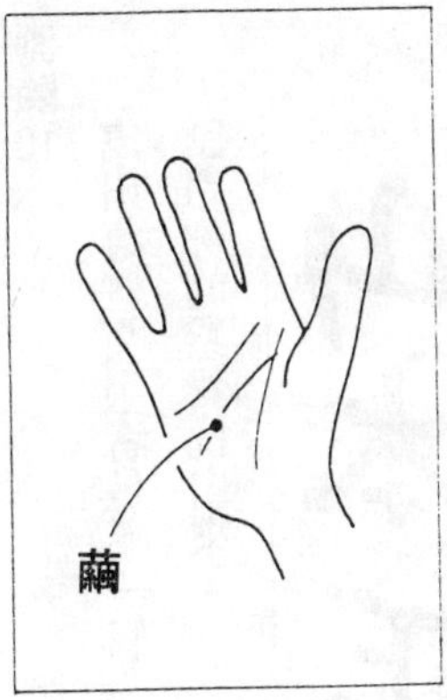

測驗9

據說，手掌上的繭，乃顯示此人職業的一個線索。在中指指甲下的繭，稱為「筆繭」，有此繭者多為執筆工作的人。

那麼，手掌中央長有繭的人，其職業為何？

(A)保齡球選手。

(B)電器工人。

(C)賣菜的人。

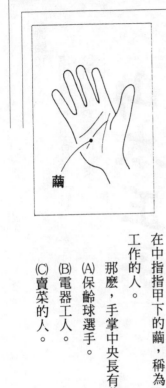

測驗10

寫出這些文字者是哪一個？

請憑你的感覺找出來。

山本正子

(A)有點胖

(B)魁梧

(C)稍瘦長

解答

A 注意力、觀察力皆佳的類型

〈診斷〉你的判斷能力如何？

●記分表

答＼測驗	(A)	(B)	(C)	註
1	0	2	0	
2	0	2	0	臉上有一個痣
3	正確的話得2分			左右的內合相反了
4	正確的話得2分			可口和可樂間應有「—」，這裡被省略了
5	0	2	1	
6	2	1	0	
7	0	2	0	
8	0	0	2	
9	0	2	0	
10	2	0	0	

0分～3分　Ⓓ類型

4分～8分　Ⓒ類型

9分～14分　Ⓑ類型

15分～20分　Ⓐ類型

你有極佳的注意力和觀察力，對於初見面的人，你具有看清對方的素質。

你很注意他人，因而很易瞭解對方的性格及人品。

且，你有很好的觀察力。你觀察他人時的態度，是相當的冷靜，所以，你的判斷都是正確的。

B 注意力、觀察力尚可的類型

你的注意力尚可，觀察他人的能力也還好。

但，你會過分地僅憑自己的經驗去觀察他人，所以有時會有錯誤。憑第一印象看一個人時，有時蠻準的，有時卻會犯下很大的錯誤。

你的直覺頗敏感，常會憑直覺去斷定「此人是好人」、或「壞人」。你的直覺常常是很正確的。

C 視狀況而定，判斷力有時遲頓的類型

普通的時候，你頗會觀察一個人，但，你會只憑自己的好惡，來判斷一個人的好壞。當你對某個人有好感時，你就會認不清此人的缺點。相反的，若是第一印象不佳時，就算對方是個老好人，你也會認為他是壞人，而，這就是你的缺點。因此，你應在與人多多交往後，再去評判一個人。

D 因注意力不足，常會看錯人的類型

你常會以錯誤的第一印象來判斷，所以，老是判斷錯誤。

造成此情形的最大原因，是注意力不足。有時你雖想好好的去注意一個人，但總會流於漫不經心，而做出錯誤的判斷。

對你來說，在觀察他人的性格和人品上，努力總嫌不夠。

你必須多與人交談，多與人來往，多努力去瞭解他人。

問題35 更換獨木橋的圓木

有大小兩個如左圖的池子，各架設了一座獨木橋。由於兩座橋都已老舊，所以，人們想換上新的圓木。請問Ⓐ Ⓑ兩橋，要換上①～⑥中的哪根圓木才恰當？

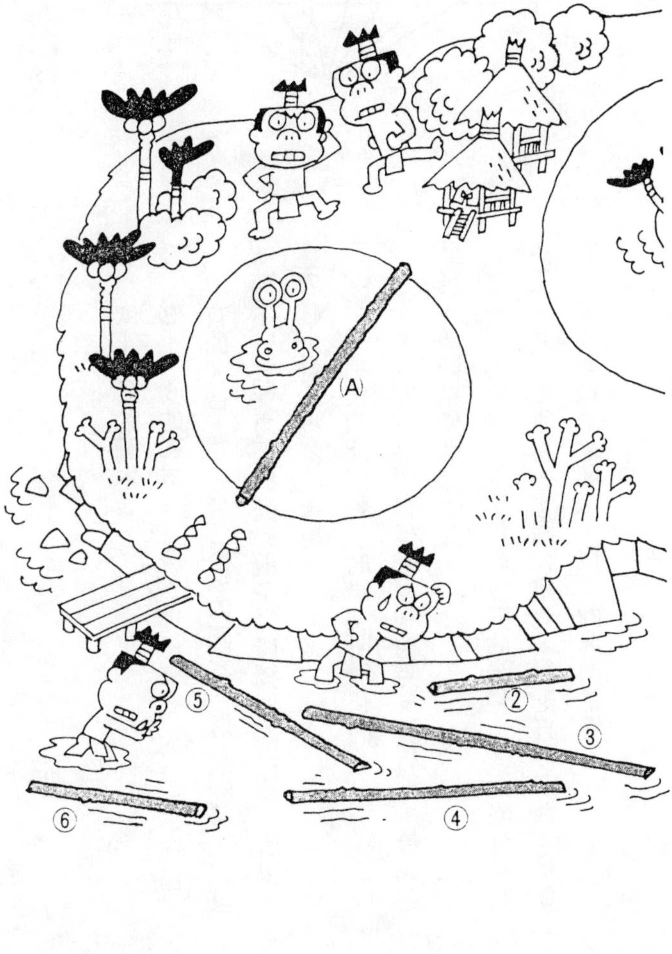
(A)
⑤
②
③
⑥
④

解答

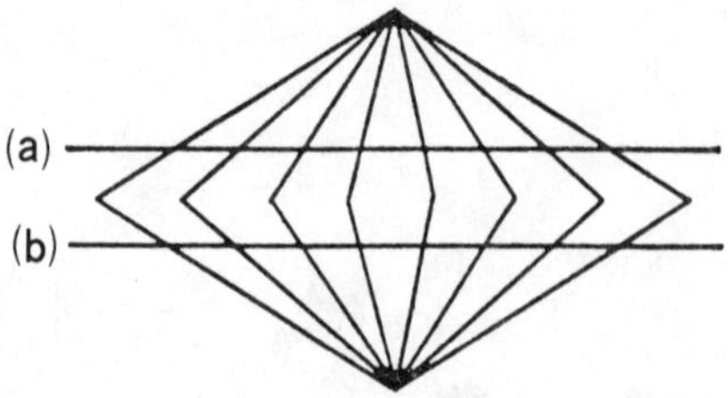

(a)(b)線是平行的，因受周圍圖形的影響，所以看起來是彎曲的。

(A)——④的圓木

(B)——⑥的圓木

有的人會選比實際還短的圓木。這是因為，直線（圓木）會受周圍的圓（池子）般圖形的影響，所以，它看起來會比實際的還短。

這種現象乃因視覺上的錯誤所引起的。

十九世紀的德國科學家福利德克・捷魯那，最先對此種人類的錯覺進行研究。

有名的錯覺有：①角度方向的錯覺，②拒絕分割的錯覺，③對比錯覺，④同化錯覺，⑤垂直方向過大錯覺等。這裡即以圖來顯示，以上的典型錯覺。

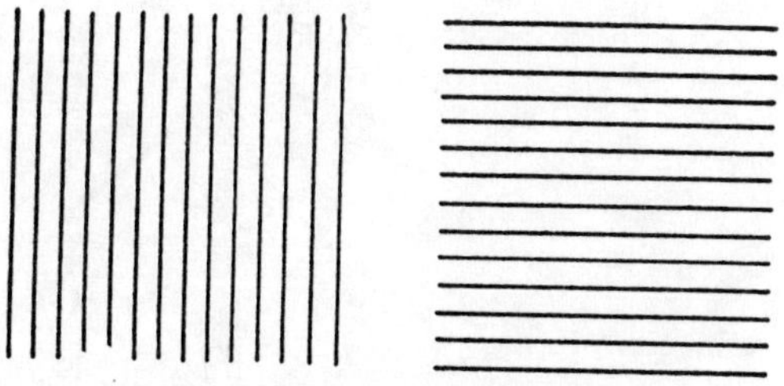

同樣的長度，若為直線就會覺得上下較長，橫線就會覺得左右較長。

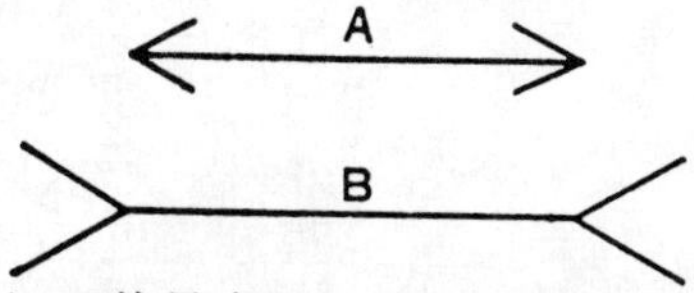

A、B的長度雖一樣，但因受到箭頭線條的同化，就易感覺A較短，B較長。

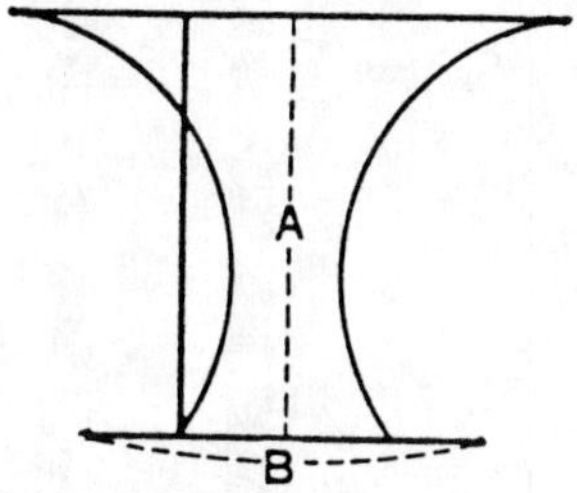

A、B長度雖一樣，但我們會覺得垂直線較長。

問題36 旅館的設計感

如果你要在大都市，建一棟超近代化的旅館，你會選(A)～(D)的哪一種型式？

旅館首要考慮的是安全性和外觀給人的感覺，請就這兩項考慮來選出何種型式。

(A)

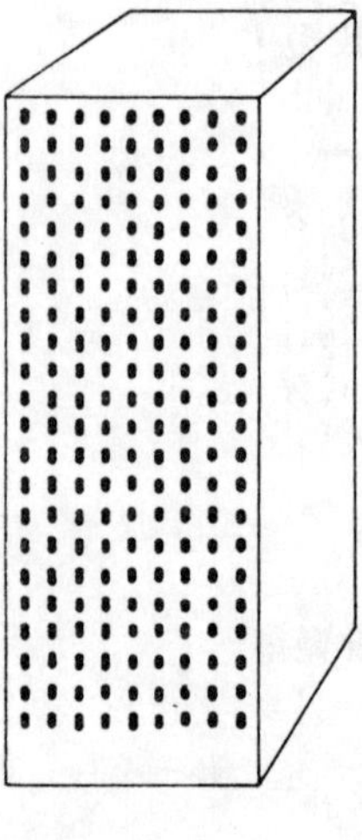

(C)

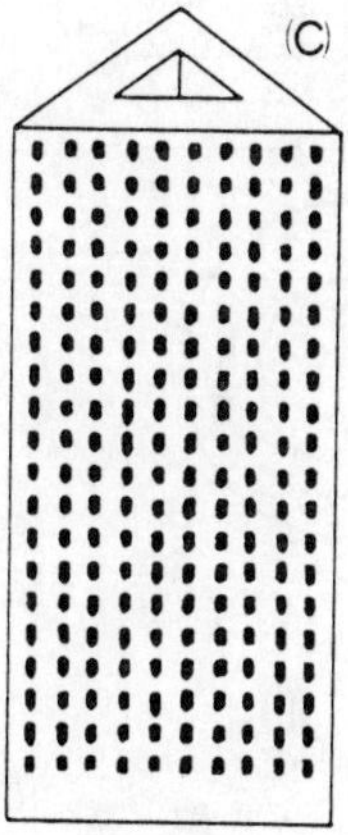

(B)

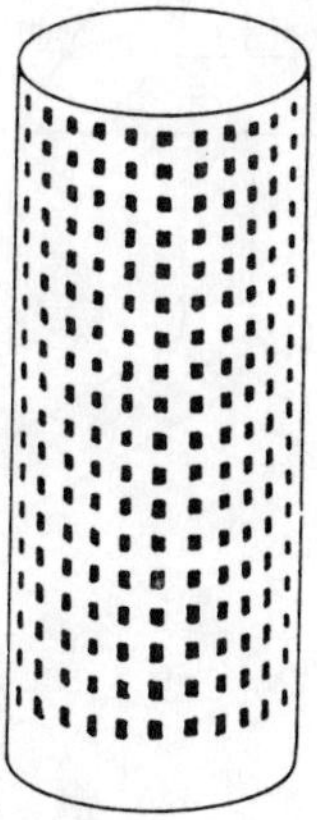

(D)

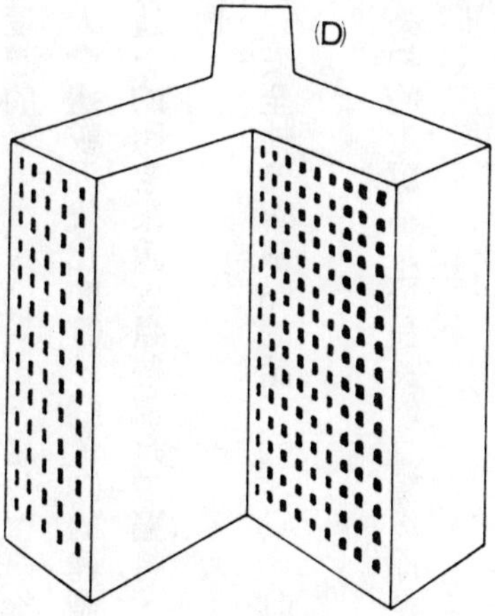

解答

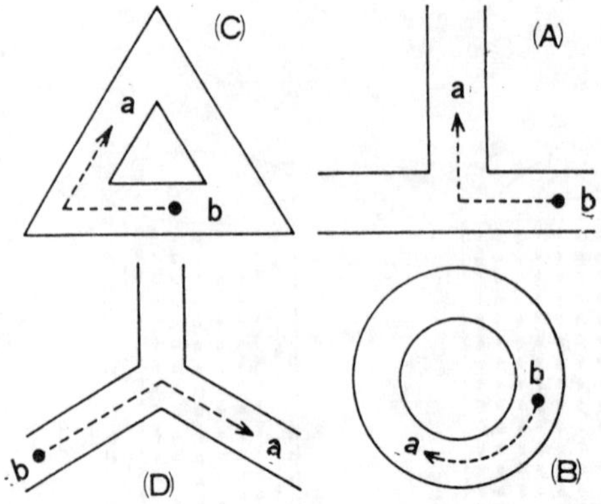

A是最理想的

也許有人會選較近代化的(B)、(C)、(D)的建築物。

的確，就構造上的印象來說，這些都是較獨特、較吸引人的建築物。

但，若以安全性為著眼點的話，(B)、(C)、(D)就大有問題了。

這些建築物的走廊不是呈長長的直線，而是呈曲線，或者是折成直角。

由走廊的a地點到b地點時，最易讓步行者的位置感覺產生混亂、迷惑的，應是(B)的圓形。由a開始走的人，不管走到哪裡，對於自己的位置，都會產生迷惑感，而搞不清楚自己究竟是在哪裡。

就一般人的心理而言，如(A)般呈九十度（直角）時，位置感覺是最清楚的。但是，若像(c)般呈九十度以下，或像(D)般，超過九十度的話，我們的感覺就會錯亂。

像(B)般，走廊是呈圓形的旅館，旅客要找到自己的房間可得花點功夫，且常會發生錯誤。如在大阪的圓形旅館，據說就有很多旅客有過此種不方便的經驗。當一出電梯門，旅客常弄不清自己的位置究竟是在哪？

圓形和三角形的建築物，看起來當然是較漂亮，且具有近代感。可是，若與四方形的建築物相比較，就有這些負面的作用。

在新宿副都心的三角形大廈（就是著名的住友大廈），即考慮到人的此種心理，而為避免在人出入口發生方向感覺上的差錯，它特別加入了一些構想。

它在各層的出入口，因著不同的方位，漆上不同的顏色。紅色的出入口表示「北」、綠色的出入口表示「南」，即用顏色來區別方位。

不讓人「隨地小便」的妙招

有戶人家，面臨了一個很大的困擾。即面對道路的那堵牆，常有很多人在那小便。他們雖立了「不許小便」的牌子，卻毫無效果。在此，請你替他們想想看，有何妙招可解決此困境？有個腦筋非常好的青年，想到在此豎一個絕不再受害的「看板」。如果是你，你會在看板上寫些什麼？

〈方法〉

在豎立的牌子上寫些什麼比較好呢？一般人能馬上想到最具直接效果的句子，不外是「不可小便」、「不准小便」、「嚴禁小便」等禁止句子。但是，人在看了禁止文句的牌子，更是會反抗的在此小便。

因此，針對人的此種反抗心理，你就有必要想些不會引起反抗

●人心理的實用法③

的句子。如：「不准小便」，你是對誰而言呢？是不是為了自己的利益（保持圍牆的美觀）而命令對方不能做呢？所以，你最好是站在對方來設想。

對方是——

①有著想小便的慾求。

②圍牆有遮蔽自己不讓他人看到的安心感。

③對方一定判斷，這裡是附近「最適合小便的地方」。

如果能完全排除這三個要素，那麼，這家的圍牆就不會再遭殃了。

首先，我們應考慮如何來排除此三個要素。為排除「不被人看到」的安心感，可在牆外加只路燈，增加明亮感。

為了讓他人不覺得此地為「適當地方」，可將圍牆加以改造，在此做一個「門」，或在牆上畫個守護神等，都是方法。

只不過，想制止對方沒有想小便的慾求，就很難了。看來，除了綁條狗，或設巡邏亭於此外，別無對策了。換句話說，這些方法，都不是決定性的好辦法。

若有人非要在此小便，你就無法讓你的圍牆不受害。

既因應對方的要求，又不再受害的方法就是：提供給想小便的人一處「沒人看見」、「小便的適當地方」的場所。亦即，蓋一間「廁所」，可是這需花費不少。當然，你也不可能如此做。可是，單豎個牌子，你終究還是要受害的。

不使自己的家遭殃，又能提供廁所的句子應如何寫呢？

你可以考慮下面的句子。「前面有廁所」——「前面」的部分，你可寫「一百公尺前」，如此一來，你自己家的圍牆就不會受害了。你寫「有廁所」就是相應於對方的要求。我家的附近，有家木頭工廠，圍牆上就豎了個「前面十公尺有廁所」的牌子，結果就免遭害了。

問題37　考驗你的目測能力(1)

請在下面的四方形中，每隔一公分，畫出一條橫的平行線。

儘可能的畫出正確的線條後，再邊看下一頁，邊比較一下你所畫出的線。

（時間限制十五秒鐘）

解答

即使你想正確地畫出，但請仔細看看，間隔還是有大有小的。一般人所畫的線，間隔多會小於一公分，所以，可能會畫出六條線來。此四方形的長度，實際上為六公分，所以，你只能畫出五條線來。

現在，請你在上面空白的正方形內，畫出每隔一公分的平行直線。你會畫出幾條線呢？

此正方形的長為五公分。能夠畫出正確答案四條線的人，應該就較多了吧。

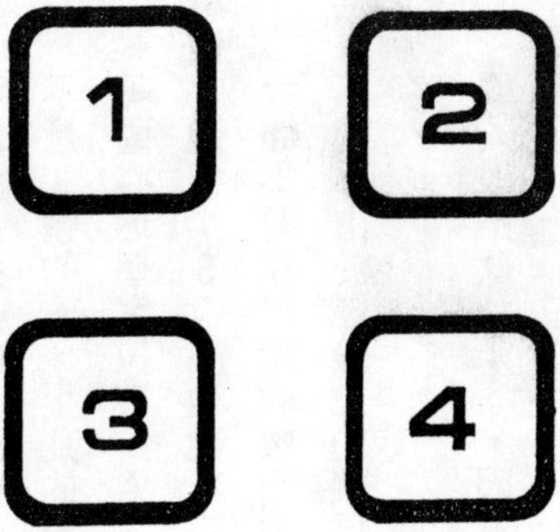

問題38 選擇幸運的按鈕

這裡有1～4號的四個按鈕。

其中有一個鈕你按下去，就會跑出如左頁所畫般的美女。你會按第幾號的鈕？

另外，你認為選擇哪個按鈕的人最多？

請在三秒鐘內選出你的按鈕。

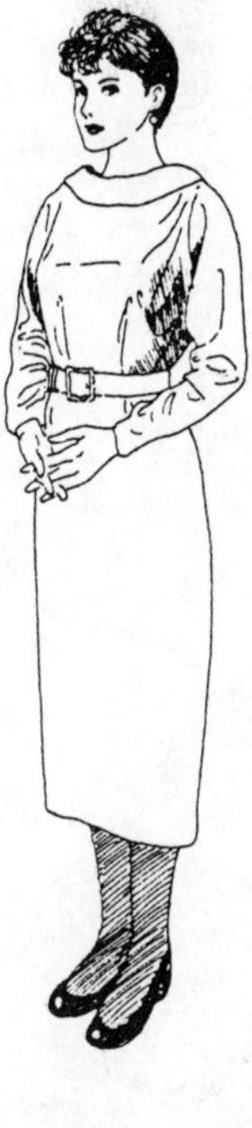

解答

選擇「3號」的人應較多。

不選3號的人，平凡的事物較不易滿足你吧。

美國心理學家拉芙·A·布魯克斯，曾找了三千人做此測驗，結果，有百分之九十的男性，選擇「3」。他說：

「如果要在很短的數列中選出一個數字來，一般人多會選擇最後一個數字。」

不過，由於經驗上的關係，有的人會做不同的選擇，而多數人會選最後一個數字前面的數字。

國人很不歡「4」，因為它意味著「死」；而較喜好「3」。

問題39　考驗你的目測能力(2)

假設欲在高速公路下，做一斜的橫斷道路。請用目測畫出一直線般的道路，首先請畫②的延長線，再畫①的線。你能否用兩條線畫出此一直線道路？

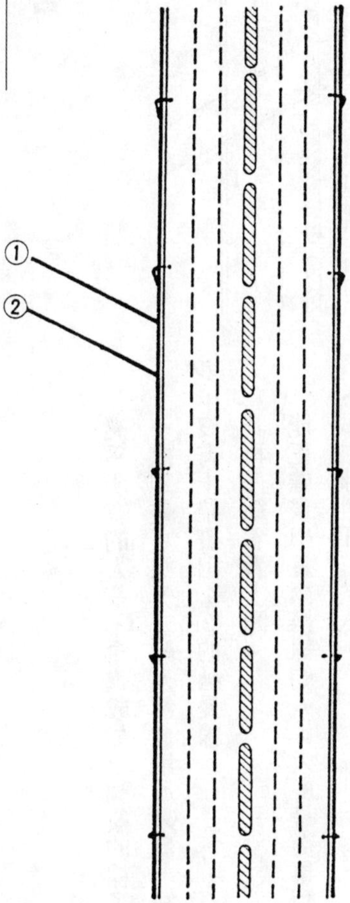

解答

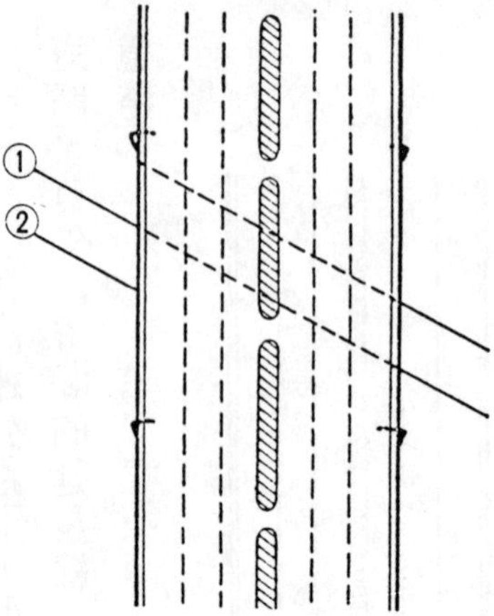

幾乎所有的人都不會畫成如上圖般的樣子。一提到畫直線，一般人都會用尺來量，結果，多半沒有正確畫出①②的延長線。

請再仔細看看上圖。

能正確畫出這兩條線的人，大多是從事製圖工作、或技術性工作的人。

你的目測能否信賴，藉此就可知道了。

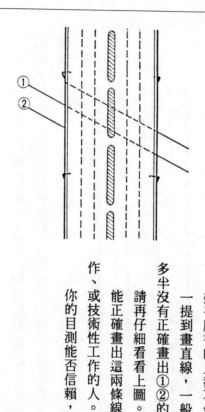

●人心理的實用法④

讓孩子自動擦鞋的方法——教養孩子的方法

假定你有個讀高一的兒子。最近，這孩子的服裝很邋遢。妻子常常嘀咕他，可是毫無效果。他是個懶惰到連鞋子都不願自己擦的孩子。

「你也想個辦法呀！」妻子不斷向你埋怨，要你管教孩子。

請問，有沒有辦法讓這個高中生，自己擦鞋子呢？當然，你不能用「給零用錢」、「買東西給他」一般的方法。

〈方法〉

在教育小孩子時，雙親或老師光是用命令的，多半不太有用的。反抗期的青年，尤其是麻煩多多。不過，我們可以想個點子，用比較愉快的方式來教育孩子。要讓一個不肯擦鞋的高中生，自動地去擦鞋——你有否最具效果的方法呢？

拿破崙曾有過如下的經歷。某個下雨天，勤務兵拿了一雙髒的長靴給拿破崙穿。而每天把靴子擦乾淨就是此勤務兵的任務。

「為什麼沒有擦靴子？」拿破崙問勤務兵。

勤務兵回答：

「今天雨好大，路上一定滿是泥濘，就算擦了也沒用啊！」

於是，拿破崙對勤務兵說：

「好，今天你都不要吃飯了。反正吃了又會餓。就不必吃了。」

這段小插曲已編入英語教科書裡，相信不少人讀過。

不過，現代人若用此種拿破崙式的方法，是不會有效果的。美國的父親，也面臨了與此同樣的問題，他們為讓孩子自己擦鞋，傷透了腦筋。有個父親在孩子上學之前，單替兒子擦淨左腳的鞋。於是，穿著單單左腳擦得晶亮的鞋子，到學校去的兒子，遭到同學嘲笑。這個孩子，從此以後，每天都自己擦鞋了。

在責備孩子之前，做父母的應該多運用些心思，在孩子的教養法上。

第五章
深層心理測驗

以上的測驗，皆在測試人的視覺。很多事情，往往因觀者的心情、或當時的情況之不同，而產生完全不同的印象。至於，本章所要探索的是，人的心理上之盲點，以及藏在人內心深處的深層心理。

問題40　平衡度的測驗

你現在的工作情況如何？是幹勁十足？還是懶洋洋的？有氣無力的？亦或受挫折？

下面的測驗，就是要測知你的平衡度是好？是壞。

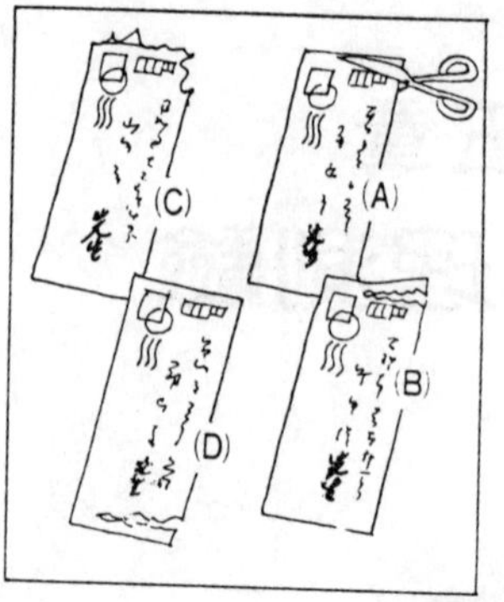

測驗1

你會採取什麼樣的動作來拆一封信呢？

(A)用剪刀剪開封口。
(B)用手慢慢的一點、一點的撕開封口。
(C)隨便撕。撕的信封亂七八糟。
(D)從下方打開。

測驗2

有很多小孩在公園裡玩。如果你又重回童年時代，你最希望成為下列中哪個孩子？

(A)倒吊在樹幹的孩子。
(B)和其他小朋友高興談著話的孩子。
(C)盪鞦韆的孩子。
(D)躺在樹下的孩子。

測驗3

有個年輕男士用雙眼望眼鏡，緊緊的盯著某東西看。請問，他正在看什麼？

(A)空中的飛鳥。
(B)隔壁的房間。
(C)賽馬場中的馬。
(D)失火的大厦。

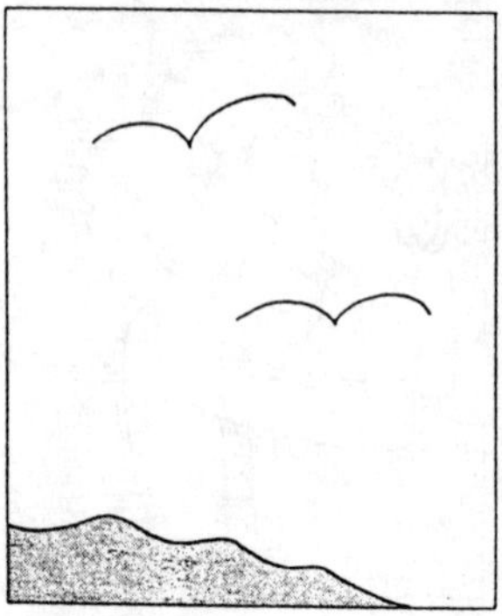

測驗4

看了此圖形後，請憑直覺想出一個形容詞形容它。

(A)平和。

(B)家。

(C)勞苦。

(D)自由。

解答

〈解說〉

●測驗1 打開信封的方法能表現出個性。完美主義者，不用剪刀拆就會難過（專門處理事務者另當別論）。從信封下方拆開的人，有潔癖症。

(A)＝3分、(B)＝3分、(C)＝1分、(D)＝5分

●測驗2 由憧憬著哪個孩子，可看出對現在的工作有否慾求不滿，或現在所不滿的是什麼。

(A)對行動、冒險有著憧憬。(B)表示對異性關心。(C)表示對與人交往、麻將、玩樂關心。(D)渴望休息。

(A)＝1分、(B)＝3分、(C)＝3分、(D)＝5分

●測驗3　可知道你目前的願望。(A)表自己的願望尚不明顯。處於柔軟且慎重的狀態中。(B)表示對性的願望。(C)表示賭博、金錢。(D)不安型。慾求上有很多的變化。

(A)＝5分、(B)＝3分、(C)＝1分、(D)＝1分

●測驗4　這是測知你的羅曼蒂克度的測驗。羅曼蒂克度高的人就愈溫和。愈是低的人就愈現實、愈悲觀。

(A)＝3分、(B)＝3分、(C)＝5分、(D)＝1分

〈診斷〉合計測驗1～4的分數。

【4～8分】面對新事物時，奮鬥的意願很強，但易中途而廢。易因焦躁而搞砸事情。

能力雖很強，但不易順利地發揮出，常因焦躁導致凡事不順……。

【9～14分】是所謂的適當平衡型。甚能與人相互調適，不論在工作上、人際關係上都是如此。

現在你一定有朋友在協助你。

【15～20分】稍微消極。凡事都力求完美，否則會一直耿耿於懷，甚至因而變得消沈。

你常因無法當機立斷，以致錯失機會，讓他人捷足先登。

問題41　被窺視的不安感

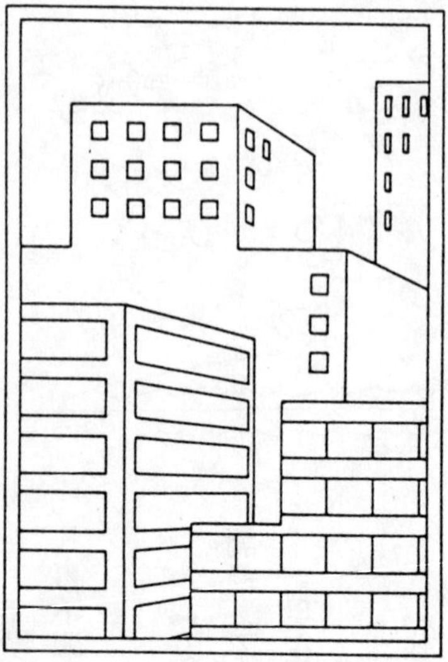

想像你現在正獨自住在旅館的房間裡。此間旅館的窗戶很大，可以從外面看見房間的內部。

如果你要拉下窗帘，你會拉至什麼程度。

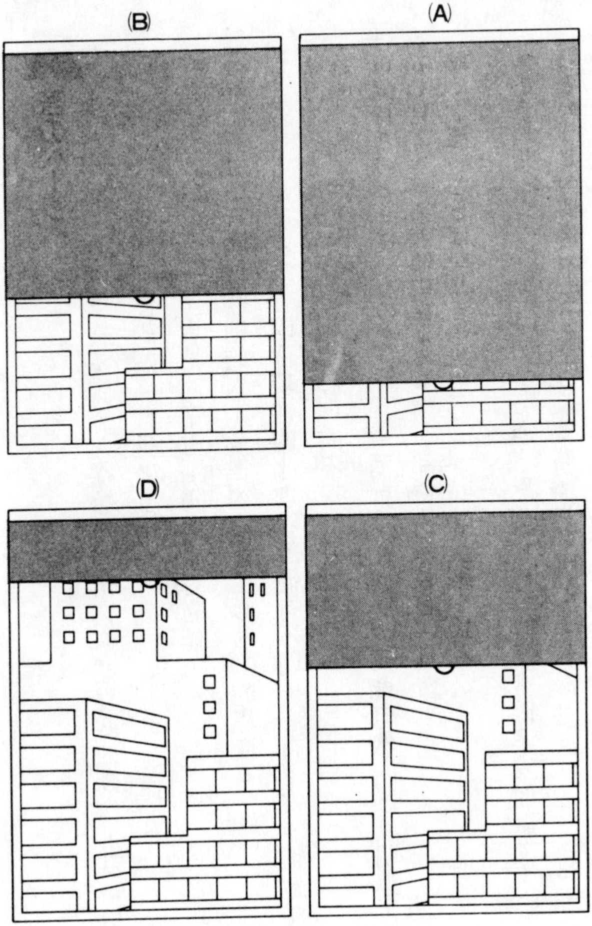
(B)
(A)
(D)
(C)

解答

此測驗是要測知人的潛在不安感。從拉下窗帘至何種程度的動作，就可以知道你究竟意識到，外部的世界和自己的關係有多少了。

心中有強烈不安的人，會把窗帘拉至Ⓐ、Ⓑ的位置。

不太有所不安、心情開朗的人，會把窗帘拉至Ⓒ、Ⓓ的程度。

換句話說，你的不安會因你現在的心理狀態而有不同。心有不安、感到孤單寂寞的人，在看東西時就會強烈地表現出心理的不安。

當你的心情是愉快、開朗時，不管看什麼東西，你都會自然的感到明朗，如果你的心情不好、或很憂鬱時，你看什麼事情，都會往壞的方面去想。

日本有名的奧運體操選手小野，據說，在比賽前夕，會因不安而徹夜未眠。運動選手應屬於較堅強的人，但在面對大型比賽時，也會緊張、不安。

另外，新學期的開始、考試的前夕，很多的學生也會因不安，而變得沒有自信。就算是平時很有自信、很努力的人，在面對新的挑戰時，也會變得不安。考試之後，或老師將改好考卷發下之前、或站在醫生面前，聆聽檢查結果時的不安，或者與久未見面的男友見面的緊張……，總之，任誰都會有種種的不安。

但是，人究竟為什麼會感到不安呢？

名詩人愛默生曾說：「不安通常是因無知而引起的。」對於熟悉的事物，或經常聽到、經常看到的事物，人就不會感到不安。

即使很晚走在你已熟悉的回家路上，你也不太會感到不安。但是，若在夜晚，單獨地走在陌生的路上，你一定會有所不安。

不安的感覺過於嚴重時，會對身體起負面的影響。過度的不安與煩惱，往往會對胃腸造成傷害。

很多的運動選手，患有嚴重的胃潰瘍、胃穿孔，其最大的原因就是，過度不安、煩惱。

不安不僅會使人生病，甚至會改變了此人的面貌。

近年來，聽說日本出現了一稱為「五月病」的病。蓋，考上東大的優秀學生們，在入學後的一、兩個月（最多五個月），很多人會出現種種的煩惱和不安。因時值五月，所以稱之為「五月病」。

不僅東大的學生才會得五月病。其他的學校也常發現類似的心理上疾病。嚴重時，甚至有人因過度不安、焦躁、煩惱而自殺。最近報上就刊登很多起：因不堪負荷功課壓力而自殺，因交不到朋友而選擇死亡的新聞。

任何人，或多或少的都會有所不安。不過，一般人都會以自己的力量來克服不安而成長下去。

問題42　「酒」可以表現一個人的性格

有人說，酒是百藥之王，也有人說，酒是惡魔之水。藉著喝酒，固然可以解除緊張，促進人際關係，但是，它也會使我們暴露出弱點、缺點，而遭致失敗。

你的飲酒方式是屬於何種類型？請回答下面的測驗，再依解答來診斷。

測驗1

這是一個在啤酒屋喝得爛醉的女人的情形。此時的你，有何想法……。

(A)何必喝到這種地步。
(B)我也想到那，跟她喝得一樣。
(C)她一定有什麼難言之隱，才會喝成這樣。
(D)她的朋友真可惡，讓她喝成這樣。

測驗2

你認為哪種地點，較適合你和朋友一起喝酒?

(A)飯店的吧檯。

(B)快餐店的吧檯。

(C)可以聽音樂又跳舞的地方。

(D)路邊攤。

測驗3

喝啤酒或威士忌時，你最喜歡的下酒菜，是下列中的那一樣?

(A)起士鹹餅乾。

(B)馬鈴薯片。

(C)墨魚。

(D)火腿、香腸。

測驗4

你喜歡用哪種方式喝威士忌？

(A)On the Rock（杯中放冰塊，再倒入威士忌）。

(B)摻水。

(C)High Ball（威士忌用汽水或水摻薄後，讓冰塊漂浮在上面）。

(D)純威士忌。

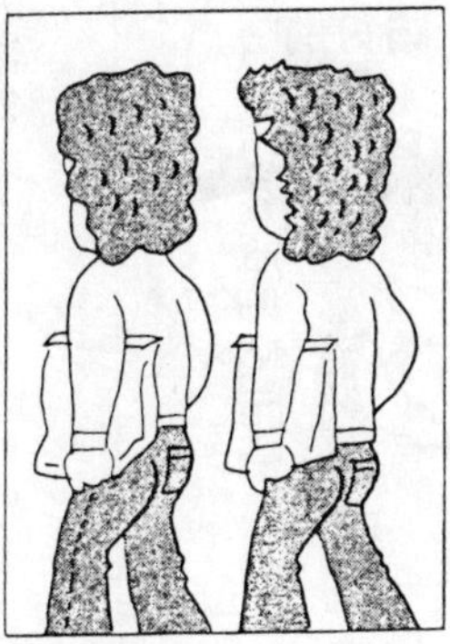

測驗5

有兩個留著長髮，從後面看不知是男是女的人，一起走著。

請問，哪一個是男的？

(A)右邊是男的。

(B)左邊是男的。

(C)都不是。

測驗6

這個女性是怎樣回答的呢？請在下面的答案中，選出一個與你切合的。

(A)講這種話的你，才真像是豬。
(B)女人的心比面貌重要。
(C)你說我像什麽都沒關係，它並不成問題。
(D)真過分，怎會講這種話。

解答

●記分表

	(A)	(B)	(C)	(D)
測驗 1	1	3	5	3
2	1	3	3	5
3	3	1	5	3
4	5	3	1	5
5	3	1	5	
6	5	3	3	1

6分～10分……(A)　21分～25分……(D)
11分～15分……(B)　26分～30分……(E)
16分～20分……(C)

A　禁慾、禁酒型

你是個不喜歡酒的人，凡是愛提到酒、非酒不可的人，你都很排斥。你當然也很討厭嗜酒時的氣氛。所以，請你喝酒倒不如請你吃頓飯。

這樣的你，若有人硬逼著喝酒，就不妙了。這時的你，會暴露出平日所沒有表現出的缺點。

你凡事都很謹慎，都很認真。你真的很想有一番作為，可是，卻都沒有予以實行，甚至，你不會暴露出你真正的心意。就算是有喜歡的人，你也不輕易表露出你的心情，對你而言，這是一大損失。現在的你，最首要做的就是：起而行。

B 遊樂酒型

你喝酒，是為追求喝酒時的氣氛及感覺。除非是與你合得來的人，否則你不會想與他一起喝酒。對你而言，酒只是與人交往的小道具，你只想藉酒來放鬆一下自己而已。如果沒有氣氛，你一點也不會覺得喝酒是快樂的事。你很講究喝酒的方式及種類，所以，你的喜好是非常分明的。

其實，你蠻害羞、溫和與善解人意，頗得長輩的信賴。不過，你本來的性情是很開朗，與誰都很合得來，只是你不擅於表露出此種性格。因而，常成為遭人誤解，與人爭執、不和的原因。

C 符合常識的飲酒型

你的酒性最正常不過了。你是個喜歡享受酒的人，但不會喝得過分。你知道自己的酒量，所以不會因喝酒而帶給他人痲煩。

在與人交往方面，你也是很注意周遭的氣氛，凡事都不會過之，你可說是個成熟又符合常識的人。

你不管做什麼事情，都知道自己的能力所限，能夠讓現實與夢想充分調和，所以，你經常處於精神安定的狀態中。

D　熱衷氣氛的醉人型

平時，你並不會太想要喝酒。可是，當氣氛愉快，又有喝酒對象時，你就會想喝一杯。但，只要一喝，你就非得喝個痛快不可。在焦慮不安時，你尤其喜歡喝酒。

你是那種會喝得淚流滿面、滿口胡言，讓周圍的人嚇死的人。酒醒後，你又會後悔當初為何要喝這麼多。

現在，你的心中總是有些期望與夢想。你很希望受到大眾的矚目、博得很多人的好感。但是，你往往因過於逞強而導致失敗，甚而引發爭吵。

E 酒鬼型

你對酒有走火入魔的傾向。你把喝酒視為你的生活意義，沒有比喝酒更讓你快樂的事了。啤酒、高粱酒、威士忌、燒酒、琴酒、伏特加……，反正只要是酒，你都喜歡喝。你喝酒完全沒有節制，甚至因而失去愛人、金錢、地位等。

於是，你什麼都做不成，對什麼事都不滿足，每天的你都是焦慮不安的，只要稍有點小事，就會煩躁、生氣。現在你的心，實在需要充分的休息，你的生活，實需好好的放鬆一下。

喝酒，其實也不是件壞事，喝酒的人，若能藉著喝酒，讓自己變成自己心底所喜歡的性格，如此般的喝酒，就比較有意思了。

研究此一連串的測驗可知，喝酒前與喝酒後的心理，有著很大的差異。

問題43　請算一算……

把下面的數字，由上依序唸出聲，在十秒鐘內，算出其總和（用紙遮住唸過的數字）。

1000
40
1000
30
1000
20
1000
10

計

解答

正確答案是「四一〇〇」。

大概有很多人會答「五〇〇〇」。以兩佰人做此實驗時，有百分之六十五的人回答「五〇〇〇」。當然，正確的答案是「四一〇〇」。不擅於數字的人，或對數字的感覺較差的人，愈易算錯。從事會計工作的人則幾乎沒有算錯的。

我們常會因小小的失算，而犯下如此般的錯誤。因此，銀行的支票等，金額以阿拉伯數字寫的都不算，而用大寫的字體來寫的才算。

不過，即使如此，還是有出錯的時候。例如：一二一萬元的金額，在支票上應寫「壹佰貳拾壹萬元正」，但，有的人就會寫成「壹佰貳拾壹元正」，當然，這就一定會引起糾紛。不管是開支票的人，或收支票的人，在金額上稍不注意，就會引發大麻煩。

問題44　冒失的駕駛

現代人，尤其是從事推銷之類工作的人，不可免的，每天都會用到車子。

你想知道自己是安全型還是事故型，駕駛熟練與否是關鍵所在。請回答下面的第一、第二的測驗，由解答中，你就可診斷出自己的性格的安全度為何？

安全度測驗1

你的車子在平交道上熄火了。剛巧，一列火車正朝這兒駛來，時值夜晚，四周一片漆黑，火車駕駛根本不知道這裡的狀況。這時的你會怎麼做？

(A)猛點燃打火機，以示火車駕駛。

(B)企圖發動車子駛出平交道。

(C)人先下車，再推車子。

(D)大聲向附近的人求救。

(E)讓車中人先下車，再設法讓火車司機知道。

(F)找緊急警報的開關。

安全度測驗2

假設你正在開車，或坐在車裡，請回答下面的問題。

〈測驗1〉坐在車子裡時，單憑直覺，你就能知道車速是多少？

(A)是　　(B)否

〈測驗2〉前面的車子開得很慢，而你正在禁止超車

的地方，你會超車嗎？

(A)是　(B)否

＜測驗3＞紅綠燈已閃黃燈，你會加速闖過嗎？

(A)是　(B)否

＜測驗4＞你會在半夜無視交通規則，猛超速嗎？

(A)是　(B)否

＜測驗5＞前面有塞車的現象，你會駛入小巷來避開嗎？

(A)是　(B)否

＜測驗6＞別人超越你的車時，你會生氣嗎？

(A)是　(B)否

＜測驗7＞前面的車子啟動得較慢一點時，你就會猛按喇叭嗎？

(A)是　(B)否

〈測驗8〉交通擁擠不堪，偏又遇到紅燈時，你會很急躁嗎？

(A)是　(B)否

〈測驗9〉路旁竄出一個球，你會避開球再開過去嗎？

(A)是　(B)否

〈測驗10〉你看到不太會開車的人，會想幫他開嗎？

(A)是　(B)否

解答

〈解說〉

安全度測驗1

在這樣的狀況下，由你所想到的解決方法中，就可知道，你在想的時候，有否為車中的人著想。

不管你是想要去向火車駕駛示意，推開車子，或用其他各種方法，在此狀況中，你若沒有想到「人」的話，在你的心中，就有輕視人命的想法。

無論在什麼行動中，首先會考慮到人命的人，就算看到車子處於快被撞毀的狀況下，也會先考慮到車中的人。「車中」究竟坐有什麼人？也或許是個小孩。西方人在做此測驗時，幾乎所有的人都先想到要如何處置「人」。

注重車子、在意車子的人，就會先想到如何不讓車子損毀的方法。一個懂得不讓鐵路發生事故的人，就會拚命的向火車示警。人命看得比車還重要的人，首先注意到的就是車中的人。

如果，你沒有考慮到「人」，即使發生事故，也會出現輕視人命的態度。

②安全度測驗2

有關駕駛人的意外事故度和安全度的測驗方法，不管是在日本或美國都有許多。在日本，由財團法人「日本交通安全協會」所發行的測驗，是非常有名的。就安全駕駛的心理準備來說，此測驗是非常有效的。

與此相似的測驗，是由美國福特汽車公司所想出來的，一共有十五個問題，在美國或加拿大都得到非常好的成果。

本測驗，就是從美國版所得到的靈感。在此測驗，答「是」有六個以上者，乃相當屬於意外事故型。若在第一個測驗中沒考慮到人，在第二個測驗中又有六個以上回答「是」的人，發生意外的比率非常的高。

〈綜合診斷〉

綜合以上兩個測驗，就可判斷出你的意外事故之安全度。請先看看左表。

測驗①＼測驗②	有6個以上的是	有5個以下的是
(C)、(E)	ㄇ	ㄊ
(A)、(F)	ㄆ	ㄉ
(B)、(D)	ㄅ	ㄈ

ㄅ　危險度最高的人。此類型的人具有發生重大事故的危險性。不注意、疏忽，是其發生不該有的事故之主因。

不管怎麼說，此類型的人非常不適合當個駕駛。由別人來駕駛或會較安全。若由他駕駛，則得相當注意。

ㄆ　此種人多半對駕駛沒有自信，常因隨心所欲的駕駛而頻頻肇事。尤其是在與人發生口角後，或遇有不如意事時，更要格外小心駕駛。接連和人發生不悅，或有所不安時，尤要注意。

ㄇ　屬於一般型，技術乃時好時壞。當肉體持續疲勞時，此類型的人會開快車，以致發生事故，所以要儘量避免此種情形的發生。

另外，車中若坐有其他的人，切記，不要因與人交談，而疏忽了駕駛。睡眠不足時也很容易造成意外事故，所以，應儘可能的不要在深夜做長距離的駕駛。

ㄷ 這類型的人很樂天，不會為還未發生的事煩惱、不安。一切事情都喜歡聽天由命，且凡事都往好的方面去想。

這種人不會把事情放在心裡而悶悶不樂，不會杞人憂天，凡事都很看得開。其避開意外事故的技術甚佳。

ㄉ 這類型的人屬於最普遍、最一般型。雖然此種人很少發生意外事故，可是卻不把交通規則放在心裡，所以，在晚上常會超車，或開快車，因而造成意外事故。

對這類型的人來說，開車時不要逞強，是最重要的事。酒後也絕不要開車。

ㄊ 安全型。最理想的駕駛人，絕不會勉強地開車，對自己的技術也很有自信。

這類型的人責任感頗重，做起事來總是循規蹈矩。雖然，很少發生意外事故，但，違規停車、違反駕駛的情形卻很多。

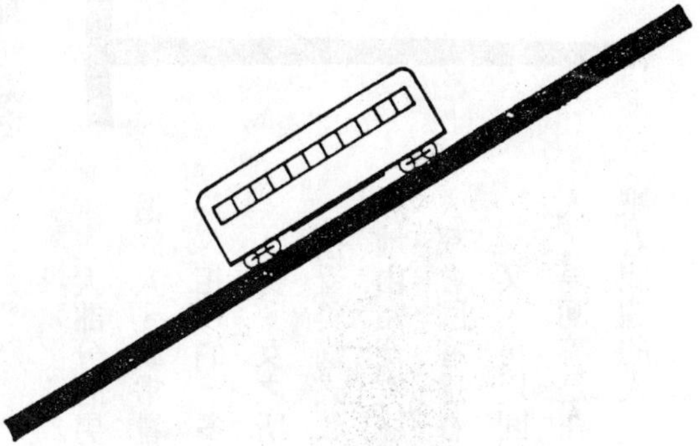

問題45　「上坡？」或「下坡？」

如圖所示，在坡道上有一輛登山電車。請花十秒鐘看此圖，然後再回答下面的問題。此登山電車並沒有前後之別，圖畫上，也看不出哪一邊是前？哪一邊是後？

〈問題〉

看了圖中電車的瞬間，你認為它是要上昇？還是要下降？亦或停在半途？

解答

大部分的男人會回答「往上昇」。尤其是，年輕的男性，有閱讀英語習慣的人、或常看雜誌、報紙的人，會馬上回答「往上昇」。

相反的，多半的女人之回答是「向下降」。

男、女之所以會有如此大的差別，原因在於性格上的問題及習慣。戰後，接受美國式教育的人，通常有由左至右閱讀文字的習慣，所以，眼睛會自然地由左至右移動。例如，若問本頁上面的線條之終點是哪一邊，大部分的人都會回答是右邊。

又，可以回答是「上昇」或「下降」的問題時，性格上較樂天、開放的人，易回答是在「上昇」，神經質，或較有悲劇性思考的人，或喜歡情緒性來看問題的人，往往會回答「正在下降」。

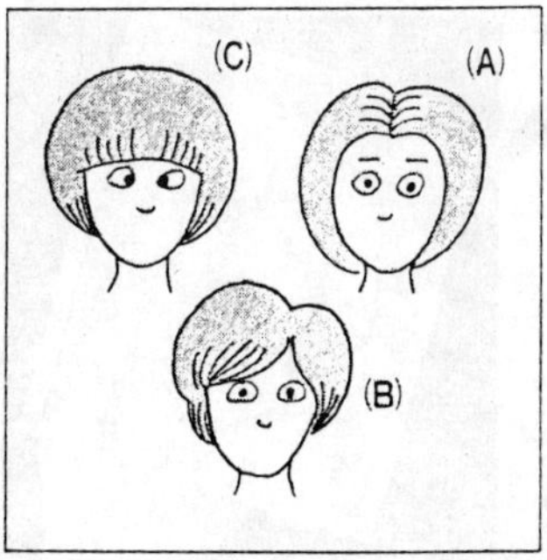

問題46　別人眼中的你究竟是屬於哪一類型？

在周遭人的眼中，你究竟是給人一種什麽印象呢？或究竟給人什麽樣的第一印象呢？多半的人都不會注意到此問題。

回答下列的測驗後，你就可以從解答的記分表上，找到你的類型。

測驗1

你分開頭髮的方式為何？

(A)從中間分開。

(B)由左分向右邊。

(C)沒有分開。

測驗2

你的「聲音」最接近下面的哪一種聲音？

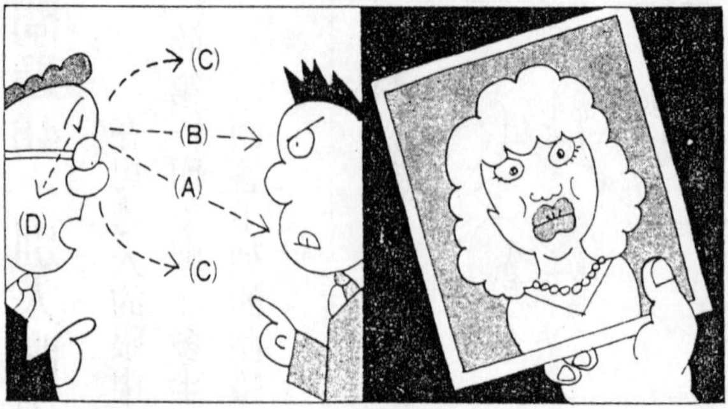

(A)高亢。

(B)宏量。

(C)柔細。

(D)普遍。

測驗3

看到照片中的自己時，你有何感覺？

(A)照的很好。

(B)簡直不像。

(C)馬馬虎虎。

(D)看起來總是那麼討厭。

測驗4

與人談話時，你都是看著對方的哪一部分？

(A)嘴角。

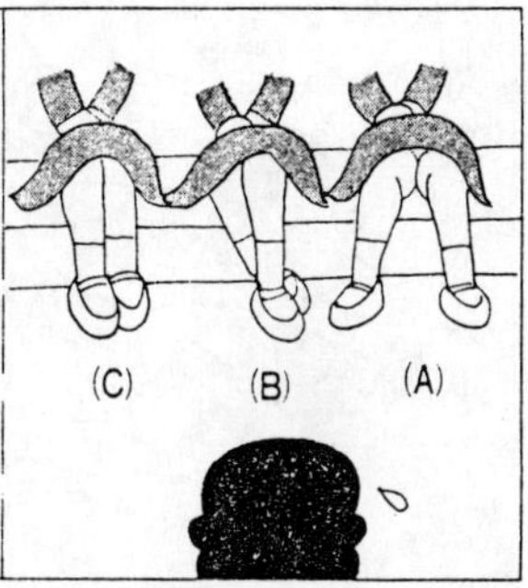

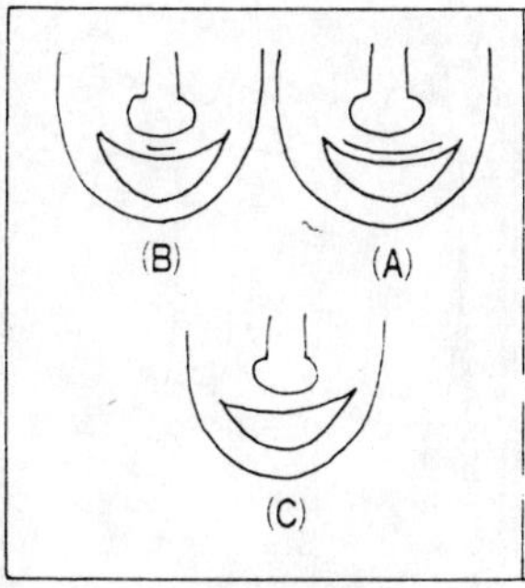

(B)眼睛。

(C)整個臉。

(D)經常不看。

測驗5

當你坐在椅子時，多半是採何種坐姿。你不妨實際上坐下來看看。

(A)兩腳張開坐著。

(B)兩腳交叉坐著。

(C)兩腳併攏坐著。

測驗6

笑的時候，你的鼻子和嘴唇之間，是否會出現一條橫紋？

(A)出現一條長的橫紋。

(B)出現短的橫紋。

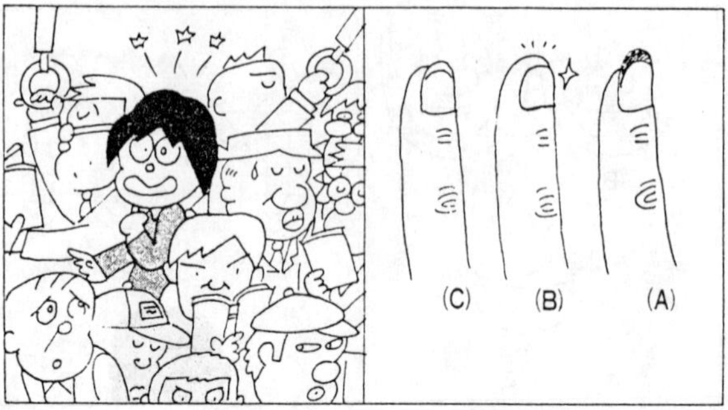

(C)不出現橫紋。

測驗7

你的左手指甲，現在是乾淨的嗎？

(A)指甲很長很髒。

(B)剪的短短的。

(C)有點指甲，可是很乾淨。

測驗8

在擁擠的電車或巴士中，你有過手被抓，或被吃豆腐的經驗？

(A)經常如此。

(B)有一、兩次。

(C)沒有。

測驗9

被老師或長輩責備時，你會馬上生氣嗎？

(A)沒有。

(B)一、兩次。

(C)經常如此。

測驗10

曾有過被陌生男人邀約或搭訕的經驗嗎？

(A)有。兩～三次。

(B)只有一次。

(C)根本沒有。

測驗11

請用鏡子照你的牙齒。你的牙齒狀況如何?

(A)有蛀牙，且牙齒很髒。
(B)牙齒潔白。
(C)不整齊。

測驗12

與人談話時，你的手有否動作?

(A)手幾乎不動。
(B)經常比手勢。
(C)手多放在嘴邊。

解答

●記分表

測驗＼答	(A)	(B)	(C)	(D)
1	1	3	5	
2	1	5	1	3
3	5	1	3	1
4	1	5	3	1
5	5	3	1	
6	5	3	1	
7	1	5	3	
8	5	3	1	
9	5	3	1	
10	5	3	1	
11	1	3	5	
12	3	5	1	

12分～25分……(A)
26分～39分……(B)
40分～53分……(C)
54分～60分……(D)

〈診斷〉

A　不易接近的閉塞型印象

不管從哪方面來看，你都是給人一種相當不易接近之印象的人。

在不知不覺中，你可能會扳起臉來，或是忘了露出笑容？你常讓人覺得是個可怕的人、冷淡的人。這毋寧說是你的一種損失。

B 一般說來，第一印象頗淺淡的

你不會給人不好的印象。但是，你也不會馬上給人很好的印象，也就是，你很少予人正面的印象。

如果要給人一個難忘的印象，不可忽略了第一印象的重要性。所以，你應試著強調自己的本色，如此，你就會給人強烈的第一印象。

C 能給任何人一個既好又易親近的印象

你很容易給人容易親近的第一印象。與你見面的人，都會對你有好印象。任何人都想要跟你做個朋友，跟你親近。你的第一印象，具有很多討人喜歡的要素。

D　有個性的、難忘的印象

你可以給人一個強烈的第一印象。很多人見了你都會難忘記你。你極易與人親近，即使是對初次見面的人，也能給予如多年好友般的親近感。因此，你很容易被誤解，即使你不想交往的人也會硬要跟你交往。

有人說，人際關係的第一步，是由你在最初的三分鐘內，給人的第一印象如何而決定的。不管是戀愛，或工作上的人際關係，如果其後的發展情況良好，你就可視為一定是給人很好的第一印象之故，相反的，如果雙方之間有了摩擦，就可視為第一印象不好之故。

問題47 選出知其心理的學生

此幅畫，見於美國某心理雜誌。所畫的是，幾個學生的類型。坐在中央椅上的是老師。請問，其中的幾位學生究竟是屬於哪種類型？

(A)最得到老師喜愛的認真型女學生。
(B)最用功而保守的男學生。
(C)漫不經心且喜歡反抗的學生。
(D)有點膽小且沈默寡言。凡事皆很拘謹，易有自卑感的學生。
(E)領袖型的人物，總是讓大家馬首是瞻，行動型的指導類型。

(7)
(4)
(6)
(1)

解答

我們知道，服裝或身上所帶的東西，常會表現出一個人的性格。自我顯示慾強的人，總是會選擇與周遭不同的服裝，在團體中，他也喜歡選擇一個與衆不同的位置。站得靠近老師的學生，心中多有得到老師信賴的慾求，其對道德和生活態度的想法也都蠻安定的。

(A)的答案是：既得老師喜愛，自己也很忠實老師的女學生是(1)或(6)。

但是，(6)的學生，過於接近老師，表示她希望獲得老師喜愛的意識相當強烈。而，稍微有點拘謹，緊緊抱著書本坐在地上的(1)女學生，是最認真型。她臉上的眼鏡也說明了她很用功。

(B)的問題，最用功的男學生是(2)或(3)。

(3)是個充滿自信、很用功的學生。服裝也是整齊的傳統樣式。且，他還打了領帶，由此可見他是個正統且規矩的學生。

(B)的學生，屬於一般型的類型。可說是能馬上實行老師的命令之順應型。

(C)的反抗型學生，應該是(5)。他站得稍離大家一點。且，臉雖朝著大家，身體卻是朝著外面。他的服裝也是比較不同於他人，是較富個性的樣式。

(D)的膽小型學生，應該是(7)。他是站在比較不受他人注意的位置。且也讓別人看不到他的正面。

(E)的領導型學生，應該是(4)。他看起來自信滿滿雙手交叉的站在那，這是其特色。滿臉鬍子、手上拿本書的他，應是頭腦很好的類型。

問題48 選出知其性格的臉

測驗1

這裡有各種不同的臉。請仔細看這些臉，並加以比較，然後，從中選出一張你最喜歡的臉。你會選哪一張呢？

測驗2

與測驗1相反的，從中選出一張你最討厭的臉，你會選哪一張呢？

(1)

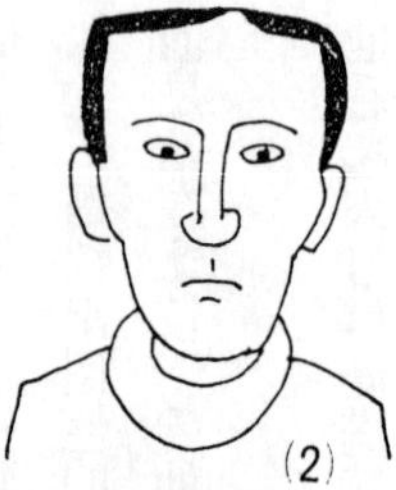

(2)

(3)

(5)

(4)

(6)

(8)

(7)

解答

測驗1

喜歡⑴或⑵的臉——這兩張臉，主要地是顯示出對性的慾求。換句話說，它顯示了對性的克制，及對性的衝動之方法。

喜歡⑴的人，較偏女性化。選此張臉的男性，有同性戀的傾向。喜歡⑵的人，顯示其在性方面是屬於攻擊型的，較男性化。不管⑴或⑵，都顯示出一種受虐型的性衝動。

喜歡⑶或⑺的臉——它具有一種道德上的意味，乃是顯示出情緒安定的臉，尤其是喜歡⑶的人，很有善意，對良心上的慾求很強。雖有時頗神經質、或胡思亂想，但正義感很強。選擇⑺的人，自我顯示慾很強，有「出人頭地」、「出名」的慾望。是屬於強出頭願望型。

喜歡⑸或⑻的臉——這是顯示自我特別強烈，總是設法表現自己的臉譜，選擇⑸的人，常常以自我為中心，反抗心也很強。選擇⑻的人，有很強烈的支配慾，憧憬著權力，容易做出不符合世俗的瘋狂行為。

喜歡⑷或⑹的臉——它表現對人際關係的慾求，選擇⑷的人，對周遭事物有強烈的好奇心，對任何事都想去做做看。選擇⑹的人，能夠維持一種較成熟的人際關係，是屬於安定型的人。此種人具有強烈的與人交往的願望。

測驗2

與上面相反，請你選出所討厭的臉譜，而你的回答之判斷如下：

討厭⑴的人——較易孤立。有著逃避一切的強烈危險。

討厭⑵的人——非常女性化，在性方面比較弱。

討厭⑶的人——易與人吵架，有反抗心。是需注意的類型。

討厭⑷的人——是非常體諒他人的熱愛型。易同情女性。

討厭⑸的人——稍有點消極、羞怯、膽小。

討厭⑹的人——是依賴現狀型。討厭大的變化，相當消極。

討厭(7)的人——易陷於幻想，想法常脫離現實。

討厭(8)的人——總認為自己比周遭的人差勁，易想的太多。

如果你喝了一點酒後，再來做此測驗，你所喜歡的臉譜，可能就會有所不同。

喝酒之前，選擇(2)的人，在喝酒後，再做同一測驗，就有可能選擇(4)。

在此人想要喝酒、想要喝醉的心理深處，有著討厭自己的性格像(2)的心情，他為自己平時顯示出像(2)般的類型深感不安，因此，有著希望變成像(4)般類型的性格之願望。

讓喝了一些酒後的人，再做同樣的測驗，我們已知會得到很有趣的結果。

由此可知，「喝酒的人，無非是想改變自己平時的性格才喝酒的」。因此，酒鬼通常是，性格上的變化還沒有到令自己滿意的人。

一個平日老實、拘謹的人，一旦喝了酒，其性格就會起大變化，變成愛說話、胡鬧，甚至與人發生口角，這就是他想要朝自己喜歡的性格去變化的證據，這也是酒精所能發揮的效果。

另外還有一些針對飲酒者的心理分析所做的有趣測驗，而其與前面之測驗稍有不同。

請在喝酒之前，畫出十公分長的平行線，線條需由左至右來畫，線與線之間的間隔要盡量的小，畫的時候，手不能碰到桌面。畫了十條後，請閉上眼睛畫。如果你手邊有手帕之類的東西，可用它矇住眼睛。

矇上眼睛所畫出的十條平行線的形狀，在普通的狀態之下，不管畫幾次，形狀都差不多。就算是隔了兩、三天，再做同樣的測驗，這十條線的形狀也會很相似。想出這個測驗方法的人，是比利時的精神醫師米勒，他常把它用於精神病上的診斷。

現在，將此測驗用在酒喝的差不多的人之身上，讓其閉著眼睛畫十條平行線。線的畫法會有什麼樣的變化呢？

●線畫得較長的情形——雖有規則的畫，但線長比10公分長的多，間隔也寬的多的人，自我顯示慾較強。若為女性，多半屬於歇斯底里型的人，凡事總喜歡我行我素。

●線畫得較短的情形——線畫得較短，且間隔較窄，乃是害羞、拘謹的人之特色，其有強烈的被人知的慾望，但與陌生人談話卻很棘手。

●所有的線條傾向右上方的情形——此種人非常活潑、積極，具有堅強意志的行動力。然卻不擅於認真且鉅細靡遺的思考。

●所有的線條向右下傾斜的情形——乃害羞且膽小的人之特色。相當敏感，容易受到傷害，是心思比較纖細的人。總是想的多而做的少。在獨創力、創造力方面，尤其出色。

●長度不規則的情形——此種人喜歡朝三暮四，對事情的熱度，易熱也易冷。多才多藝，對什麼事情都很有興趣，是個才能兼備的人，但一旦獲得成功，就會得意洋洋的大肆宣揚。只可惜易見異思遷，所以常被人批評很輕薄。

●線條畫得很用力的情形——此種人不論是精神上或肉體上的情形都不甚佳。在人際關係上、工作上，也都不是很順利。所以，不要勉強地去做任何事，應好好的休養。

問題49　不容易讀的問題

下面測驗中的問題，稍有點特別。首先，請讀讀左邊框框內的文章。

（時間限制一分鐘）

<問題>

如果你只能夠活到下面所寫的年齡的話，請問你要選幾歲？

(A)８歲、(B)16歲、(C)28歲、(D)36歲、(E)50歲

解答

此測驗的目的，並不是要你做出確切的答案。問題的目的，是要知道你在讀著左邊框框內的文章時，究竟是採怎樣的方式來讀？

●你是把書本打橫著來讀？

●或者，你不動書本，而歪過頭來讀它？

●亦或，讀它時，你既不動書本也沒有動頭？

由讀此文章的方式中，也可以得知人的各種性格。

經常都是採取不出奇制勝、符合常識之生活方式的人，當文章是直著寫時，就會把書本放直著來唸，當文章是橫著寫時，他就會把書本橫過來唸。

相對的，不喜歡順著常識去做的人，不喜歡受框框限制而喜歡突發異想的人，就算是文章打橫著印，唸的時候，他也不會改變書本的位置。

問題50　有關處理困難能力的測驗

在遭遇困難、災害、或工作上的危險等，你有克服它們的能力嗎？回答下面的七個測驗之問題，並對照解答的計分表，算出你的得分，如此，就可知道你的類型了。

測驗1

當你穿著睡衣刷著牙時，門鈴突然響了。而此時家中又只有你一人。你會怎麼做？

(A)馬上去開門。
(B)換了衣服再開門。
(C)假裝不在家。

測驗2

你已經有一個禮拜的時間，忘了給庭院裡的盆栽澆水。盆栽有點枯萎了。而此時，天看起來似乎就快下雨了。你還會為盆栽澆水嗎？

(A)會。

(B)不會。

(C)再不管它一天。

測驗3

看到下面的字眼，把你馬上聯想到的，從A、B、C中，選出其一。

(1)火

(A)火柴、(B)地獄、(C)火災。

(2)黑

(A)夜、(B)黑人、(C)隧道。

(3)白

(A)砂糖、(B)珍珠、(C)結婚禮服。

測驗4

中秋節的時候，你拿著威士忌酒禮盒去看朋友，可是，到了他家門口，你不小心把禮盒掉在地上。裡面的酒瓶可能摔破了。這時，你會怎麽做？

(A)拿回家確定一下。
(B)就這麽送給他。
(C)在對方的面前打開來看。

測驗5

你把常吃的維他命丸放在桌上。但是，當你正要去拿來吃的時候，停電了。在一片漆黑中，你還會伸手去拿維他命丸來吃嗎？

(A)會伸出手來找藥瓶，拿了就吃。
(B)擦亮火柴確定了藥瓶才吃。
(C)不吃，等電來了再說。

測驗6

晚上，你疲憊不堪的剛躺下來睡，不久，就聽到不知是消防車還是警車的聲音，也許

是附近出事了。這時，你會怎樣呢？

(A)雖然很累，仍會起床一探究竟。

(B)不管它，照睡不誤。

(C)等一會再看。

測驗7

你請了兩個朋友到你家吃飯。可是，飯卻煮的不夠。如果兩個都要再添，根本就不夠添的。而這時，你的飯也還未添。你會怎麼做？

(A)偷偷的出去買。

(B)跟比較好的那個朋友使眼色，請他不要再添。

(C)隨他去，到時再說。

解答

計算你在各測驗中的回答，所得的分數。

●記分表

測驗＼答		(A)	(B)	(C)
1		5	1	3
2		3	5	1
3	(1)	5	1	3
	(2)	3	1	5
	(3)	5	1	3
4		1	3	5
5		5	3	1
6		3	1	5
7		1	3	5

9分～18分　(A)類型

19分～28分　(B)類型

29分～38分　(C)類型

39分～45分　(D)類型

〈診斷〉你對災害、困難的對應能力如何？

A　急急忙忙下錯誤判斷的類型

當公司的人事起了大變動時，你會有很敏感的反應，甚至因而有幹不下去的危險。

事出突然時，你會反應很快，但往往因太過急躁，而做出錯誤的判斷，以致犯下想像不到的錯誤。例如：忽然間發生地震時，你會拚命的往外衝出去，結果，受到很大的傷害。總之，你終致會走上自取滅亡之路。

你平時的反應還好，可是事起倉促時，你就會缺乏常識性的判斷力。當然，事後再後悔的你，已於事無補了。

因此，當有緊急事情發生時，你必須先用三分鐘的時間來環視周遭的狀況，想清楚後再做反應，不要隨隨便便的採取行動。

B 易受周遭左右，不易下決斷的類型

你常因聽了周遭的意見，或被各種情報左右，而不知如何是好。事起倉促時，不易下決斷，是你致命傷。

這類型的人，面對突發狀況時，首先，會就手中所有的情報或資料，從中找出解決方

法。可是，你反而會因受到情報的迷惑，而下不了判斷。你常因錯失下決斷的時機，而受到大傷害。

這類型的人，平常的時候，對自己的想法還蠻有自信的，可是，在發生突然事故時，為免除過於自信，最好還是聽從領導者或指揮官的命令。

C　雖有克服危機的能力，卻常常依賴他人的類型

在遇到麻煩，或公司有危機時，你都會耐下心來去克服它。

你很樂天，具有符合常識的判斷力，能夠斟酌衆人的意見來行動，在團體中，你頗有團隊精神。

可是，在團體中，沒有指揮官或領導者時，你會感到不安，甚而絕望，然後就放棄了求救的機會。

在事態緊急時，你不會存心依賴他人，而有勇氣來面對它。但是，在非常緊急狀態之

下，此團體的命運就得視領導者的好壞來決定了。特殊狀況時，聽從什麼樣的人才好呢？這就有必要在平時養成識人之明了。

D 積極且具有強烈精神力的類型

平時，不管做什麼事情，你都認為靠己之力就足矣，無需再假借他人之力。你不會在小事情上鑽牛角尖。你具有拚命向前幹的勇氣。

在你眼中，百分之九十九的他人是差勁、不行的，只有你才有拚命到底的堅忍精神。你的分析力不比他人強，也不比別人冷靜，但是，你有旺盛的生命力，有好好活下去的強烈信念。

在一片混亂之際，你有不惜排擠他人，保護自己、保護家人的行動力。你若遇到山難等，就算要獨自過好幾天，也有忍耐下去的精神力。

當眾人都變得消極時，你更會積極起來，你會集中所有的力量拚命到底。就算地球上只剩下你一人，你也會堅持到底，亦不放棄。

當公司或社會全體呈蒸蒸日上，安定的狀態時，一切都不會有什麼問題，但一稍有變化，就會大大的動搖起來。那時，人的行動常會表現出一種不顧他人死活的模樣。本心理測驗，就是在分析，當遇到困難、災難、混亂時，「你的類型」究竟是哪一種？

本測驗所研究的是──人的深層心理，即，它是可自你的心底深處，探出問題所在的測驗。與普通的心理測驗之目的是不相同的。

問題51　由應答方式判個性

你的朋友穿了一套款式新穎的西裝出現在你面前。可是，不管怎麼看，你都覺得難看無比，一點也不適合他。「怎麼樣？」當他徵求你的意見時，你會怎樣回答。

(A)投其所好，讚美他。

(B)只是笑笑。不知該如何回答。

(C)告訴他實話。儘管這時的對方很希望聽到「奉承話」。

(D)你先設想他穿此西裝時的心情為何?然後想了很多，再拐個彎表示自己的意見。

解答

此測驗的四個答案，皆可顯示出一個人，在待人關係上的基本態度。

如(A)般，簡單地去「讚美他」的人，乃是以對方為中心來考慮，不會拂逆對方意思的類型，不過，你根本就不是想真正地去讚美他。表面上你雖讚美他了，然心中根本就不是這樣想。

(B)是所謂的「害羞型」。常因過於消極而不知如何是好。在與人交往上，也因太害羞而不太順利。

如(C)般，告訴對方實話，固然很乾脆，但往往會把彼此的氣氛弄僵了。

(D)是很冷靜、客觀的人，乃屬於可鎮靜、客觀地去觀察人的類型。

此四個答案，不論是哪一個，在人際關係上，都有著正面和負面的影響。它或會是成為傷害你的人際關係之因，但，也是得知你個性傾向的關鍵。

大展出版社有限公司	圖書目錄
地址：台北市北投區11204 致遠一路二段12巷1號 郵撥： 0166955～1	電話：(02) 8236031 8236033 傳眞：(02) 8272069

•法律專欄連載•電腦編號58

台大法學院 法律學系／策劃 法律服務社／編著

①別讓您的權利睡著了1		180元
②別讓您的權利睡著了2		180元

•婦幼天地•電腦編號16

①八萬人減肥成果	黃靜香譯	150元
②三分鐘減肥體操	楊鴻儒譯	130元
③窈窕淑女美髮秘訣	柯素娥譯	130元
④使妳更迷人	成　玉譯	130元
⑤女性的更年期	官舒妍編譯	130元
⑥胎內育兒法	李玉瓊編譯	120元
⑦愛與學習	蕭京凌編譯	120元
⑧初次懷孕與生產	婦幼天地編譯組	180元
⑨初次育兒12個月	婦幼天地編譯組	180元
⑩斷乳食與幼兒食	婦幼天地編譯組	180元
⑪培養幼兒能力與性向	婦幼天地編譯組	180元
⑫培養幼兒創造力的玩具與遊戲	婦幼天地編譯組	180元
⑬幼兒的症狀與疾病	婦幼天地編譯組	180元
⑭腿部苗條健美法	婦幼天地編譯組	150元
⑮女性腰痛別忽視	婦幼天地編譯組	130元
⑯舒展身心體操術	李玉瓊編譯	130元
⑰三分鐘臉部體操	趙薇妮著	120元
⑱生動的笑容表情術	趙薇妮著	120元
⑲心曠神怡減肥法	川津祐介著	130元
⑳內衣使妳更美麗	陳玄茹譯	130元

•青春天地•電腦編號17

①A血型與星座	柯素娥編譯	120元

②B血型與星座	柯素娥編譯	120元
③O血型與星座	柯素娥編譯	120元
④AB血型與星座	柯素娥編譯	120元
⑤青春期性教室	呂貴嵐編譯	130元
⑥事半功倍讀書法	王毅希編譯	130元
⑦難解數學破題	宋釗宜編譯	130元
⑧速算解題技巧	宋釗宜編譯	130元
⑨小論文寫作秘訣	林顯茂編譯	120元
⑩視力恢復！超速讀術	江錦雲譯	130元
⑪中學生野外遊戲	熊谷康編著	120元
⑫恐怖極短篇	柯素娥編譯	130元
⑬恐怖夜話	小毛驢編譯	130元
⑭恐怖幽默短篇	小毛驢編譯	120元
⑮黑色幽默短篇	小毛驢編譯	120元
⑯靈異怪談	小毛驢編譯	130元
⑰錯覺遊戲	小毛驢編譯	130元
⑱整人遊戲	小毛驢編譯	120元
⑲有趣的超常識	柯素娥編譯	130元
⑳哦！原來如此	林慶旺編譯	130元
㉑趣味競賽100種	劉名揚編譯	120元
㉒數學謎題入門	宋釗宜編譯	150元
㉓數學謎題解析	宋釗宜編譯	150元
㉔透視男女心理	林慶旺編譯	120元
㉕少女情懷的自白	李桂蘭編譯	120元
㉖由兄弟姊妹看命運	李玉瓊編譯	130元
㉗趣味的科學魔術	林慶旺編譯	150元
㉘趣味的心理實驗室	李燕玲編譯	150元
㉙愛與性心理測驗	小毛驢編譯	130元
㉚刑案推理解謎	小毛驢編譯	130元
㉛偵探常識推理	小毛驢編繹	130元

•健 康 天 地• 電腦編號18

①壓力的預防與治療	柯素娥編譯	130元
②超科學氣的魔力	柯素娥編譯	130元
③尿療法治病的神奇	中尾良一著	130元
④鐵證如山的尿療法奇蹟	廖玉山譯	120元
⑤一日斷食健康法	葉慈容編譯	120元
⑥胃部強健法	陳炳崑譯	120元
⑦癌症早期檢查法	廖松濤譯	130元

⑧老人痴呆症防止法	柯素娥編譯	130元
⑨松葉汁健康飲料	陳麗芬編譯	130元

•超現實心理講座•電腦編號22

①超意識覺醒法	詹蔚芬編譯	130元
②護摩秘法與人生	劉名揚編譯	130元
③秘法！超級仙術入門	陸　明譯	150元

•心 靈 雅 集•電腦編號00

①禪言佛語看人生	松濤弘道著	150元
②禪密教的奧秘	葉逯謙譯	120元
③觀音大法力	田口日勝著	120元
④觀音法力的大功德	田口日勝著	120元
⑤達摩禪106智慧	劉華亭編譯	150元
⑥有趣的佛教研究	葉逯謙編譯	120元
⑦夢的開運法	蕭京凌譯	130元
⑧禪學智慧	柯素娥編譯	130元
⑨女性佛教入門	許俐萍譯	110元
⑩佛像小百科	心靈雅集編譯組	130元
⑪佛教小百科趣談	心靈雅集編譯組	120元
⑫佛教小百科漫談	心靈雅集編譯組	150元
⑬佛教知識小百科	心靈雅集編譯組	150元
⑭佛學名言智慧	松濤弘道著	180元
⑮釋迦名言智慧	松濤弘道著	180元
⑯活人禪	平田精耕著	120元
⑰坐禪入門	柯素娥編譯	120元
⑱現代禪悟	柯素娥編譯	130元
⑲道元禪師語錄	心靈雅集編譯組	130元
⑳佛學經典指南	心靈雅集編譯組	130元
㉑何謂「生」　阿含經	心靈雅集編譯組	130元
㉒一切皆空　般若心經	心靈雅集編譯組	130元
㉓超越迷惘　法句經	心靈雅集編譯組	130元
㉔開拓宇宙觀　華嚴經	心靈雅集編譯組	130元
㉕真實之道　法華經	心靈雅集編譯組	130元
㉖自由自在　涅槃經	心靈雅集編譯組	130元
㉗沈默的教示　維摩經	心靈雅集編譯組	130元
㉘開通心眼　佛語佛戒	心靈雅集編譯組	130元
㉙揭秘寶庫　密教經典	心靈雅集編譯組	130元
㉚坐禪與養生	廖松濤譯	110元

㉛釋尊十戒	柯素娥編譯	120元
㉜佛法與神通	劉欣如編著	120元
㉝悟（正法眼藏的世界）	柯素娥編譯	120元
㉞只管打坐	劉欣如編譯	120元
㉟喬答摩・佛陀傳	劉欣如編著	120元
㊱唐玄奘留學記	劉欣如編譯	120元
㊲佛教的人生觀	劉欣如編譯	110元
㊳無門關（上卷）	心靈雅集編譯組	150元
㊴無門關（下卷）	心靈雅集編譯組	150元
㊵業的思想	劉欣如編著	130元
㊶		

・經 營 管 理・電腦編號01

◎創新經營六十六大計（精）	蔡弘文編	780元
①如何獲取生意情報	蘇燕謀譯	110元
②經濟常識問答	蘇燕謀譯	130元
③股票致富68秘訣	簡文祥譯	100元
④台灣商戰風雲錄	陳中雄著	120元
⑤推銷大王秘錄	原一平著	100元
⑥新創意・賺大錢	王家成譯	90元
⑦工廠管理新手法	琪　輝著	120元
⑧奇蹟推銷術	蘇燕謀譯	100元
⑨經營參謀	柯順隆譯	120元
⑩美國實業24小時	柯順隆譯	80元
⑪撼動人心的推銷法	原一平著	120元
⑫高竿經營法	蔡弘文編	120元
⑬如何掌握顧客	柯順隆譯	150元
⑭一等一賺錢策略	蔡弘文編	120元
⑮世界經濟戰爭	約翰・渥洛諾夫著	120元
⑯成功經營妙方	鐘文訓著	120元
⑰一流的管理	蔡弘文編	150元
⑱外國人看中韓經濟	劉華亭譯	150元
⑲企業不良幹部群相	琪輝編著	120元
⑳突破商場人際學	林振輝編著	90元
㉑無中生有術	琪輝編著	140元
㉒如何使女人打開錢包	林振輝編著	100元
㉓操縱上司術	邑井操著	90元
㉔小公司經營策略	王嘉誠著	100元
㉕成功的會議技巧	鐘文訓編譯	100元
㉖新時代老闆學	黃柏松編著	100元

㉗如何創造商場智囊團	林振輝編譯	150元
㉘十分鐘推銷術	林振輝編譯	120元
㉙五分鐘育才	黃柏松編譯	100元
㉚成功商場戰術	陸明編譯	100元
㉛商場談話技巧	劉華亭編譯	120元
㉜企業帝王學	鐘文訓譯	90元
㉝自我經濟學	廖松濤編譯	100元
㉞一流的經營	陶田生編著	120元
㉟女性職員管理術	王昭國編譯	120元
㊱ＩＢＭ的人事管理	鐘文訓編譯	150元
㊲現代電腦常識	王昭國編譯	150元
㊳電腦管理的危機	鐘文訓編譯	120元
㊴如何發揮廣告效果	王昭國編譯	150元
㊵最新管理技巧	王昭國編譯	150元
㊶一流推銷術	廖松濤編譯	120元
㊷包裝與促銷技巧	王昭國編譯	130元
㊸企業王國指揮塔	松下幸之助著	120元
㊹企業精銳兵團	松下幸之助著	120元
㊺企業人事管理	松下幸之助著	100元
㊻華僑經商致富術	廖松濤編譯	130元
㊼豐田式銷售技巧	廖松濤編譯	120元
㊽如何掌握銷售技巧	王昭國編著	130元
㊾一分鐘推銷員	廖松濤譯	90元
㊿洞燭機先的經營	鐘文訓編譯	150元
51ＩＢＭ成功商法	巴克・羅傑斯著	130元
52新世紀的服務業	鐘文訓編譯	100元
53成功的領導者	廖松濤編譯	120元
54女推銷員成功術	李玉瓊編譯	130元
55ＩＢＭ人才培育術	鐘文訓編譯	100元
56企業人自我突破法	黃琪輝編著	150元
57超級經理人	羅拔・海勒著	100元
58財富開發術	蔡弘文編著	130元
59成功的店舗設計	鐘文訓編著	150元
60靈巧者成功術	鐘文訓編譯	150元
61企管回春法	蔡弘文編著	130元
62小企業經營指南	鐘文訓編譯	100元
63商場致勝名言	鐘文訓編譯	150元
64迎接商業新時代	廖松濤編譯	100元
65透視日本企業管理	廖松濤　譯	100元
66新手股票投資入門	何朝乾　編	150元
67上揚股與下跌股	何朝乾編譯	150元

⑱股票速成學	何朝乾編譯	180元
⑲理財與股票投資策略	黃俊豪編著	180元
⑳黃金投資策略	黃俊豪編著	180元
㉑厚黑管理學	廖松濤編譯	180元
㉒股市致勝格言	呂梅莎編譯	180元
㉓透視西武集團	林谷燁編譯	150元
㉔推銷改變我的一生	柯素娥 譯	120元
㉕推銷始於被拒	盧媚璟 譯	120元
㉖巡迴行銷術	陳蒼杰譯	150元
㉗推銷的魔術	王嘉誠譯	120元
㉘60秒指導部屬	周蓮芬編譯	150元
㉙精銳女推銷員特訓	李玉瓊編譯	130元
㉚企劃、提案、報告圖表的技巧	鄭 汶 譯	180元
㉛海外不動產投資	許達守編譯	150元
㉜八百件的世界策略	李玉瓊譯	150元
㉝服務業品質管理	吳宜芬譯	180元
㉞零庫存銷售	黃東謙編譯	150元
㉟三分鐘推銷管理	劉名揚編譯	150元
㊱推銷大王奮鬥史	原一平著	150元
㊲豐田汽車的生產管理	林谷燁編譯	元

・成功寶庫・ 電腦編號02

①上班族交際術	江森滋著	100元
②拍馬屁訣竅	廖玉山編譯	110元
③一分鐘適應法	林曉陽譯	90元
④聽話的藝術	歐陽輝編譯	110元
⑤人心透視術	多湖輝著	100元
⑥克服逆境的智慧	廖松濤 譯	100元
⑦不可思議的人性心理	多湖輝 著	120元
⑧成功的人生哲學	劉明和 譯	120元
⑨求職轉業成功術	陳 義編著	110元
⑩上班族禮儀	廖玉山編著	120元
⑪接近心理學	李玉瓊編著	100元
⑫創造自信的新人生	廖松濤編著	120元
⑬卡耐基的人生指南	林曉鐘編譯	120元
⑭上班族如何出人頭地	廖松濤編著	100元
⑮神奇瞬間瞑想法	廖松濤編譯	100元
⑯人生成功之鑰	楊意苓編著	150元
⑰當一個享受成功的人	戴恆雄編著	100元
⑱潛在心理術	多湖輝 著	100元

⑲給企業人的諍言	鐘文訓編著	120元
⑳企業家自律訓練法	陳　義編譯	100元
㉑上班族妖怪學	廖松濤編著	100元
㉒猶太人縱橫世界的奇蹟	孟佑政編著	110元
㉓訪問推銷術	黃靜香編著	130元
㉔改運的秘訣	吳秀美　譯	120元
㉕你是上班族中強者	嚴思圖編著	100元
㉖向失敗挑戰	黃靜香編著	100元
㉗成功心理學	陳蒼杰　譯	100元
㉘墨菲成功定律	吳秀美　譯	130元
㉙機智應對術	李玉瓊編著	130元
㉚成功頓悟100則	蕭京凌編譯	130元
㉛掌握好運100則	蕭京凌編譯	110元
㉜知性幽默	李玉瓊編譯	130元
㉝熟記對方絕招	黃靜香編譯	100元
㉞男性成功秘訣	陳蒼杰編譯	130元
㉟超越巔峯者	C・加菲爾德著	130元
㊱業務員成功秘方	李玉瓊編著	120元
㊲察言觀色的技巧	劉華亭編著	130元
㊳一流領導力	施義彥編譯	120元
㊴一流說服力	李玉瓊編著	130元
㊵30秒鐘推銷術	廖松濤編譯	120元
㊶猶太成功商法	周蓮芬編譯	120元
㊷尖端時代行銷策略	陳蒼杰編著	100元
㊸顧客管理學	廖松濤編著	100元
㊹如何使對方說Yes	程　羲編著	150元
㊺如何提高工作效率	劉華亭編著	150元
㊻企業戰術必勝法	黃靜香編著	130元
㊼上班族口才學	楊鴻儒譯	120元
㊽上班族新鮮人須知	程　羲編著	120元
㊾如何左右逢源	程　羲編著	130元
㊿語言的心理戰	多湖輝著	130元
51扣人心弦演說術	劉名揚編著	120元
52八面玲瓏成功術	陳　羲譯	130元
53如何增進記憶力、集中力	廖松濤譯	130元
54頂尖領導人物	陳蒼杰譯	120元
55性惡企業管理學	陳蒼杰譯	130元
56自我啟發200招	楊鴻儒編著	150元
57做個傑出女職員	劉名揚編著	130元
58靈活的集團營運術	楊鴻儒編著	120元
59必勝交涉強化法	陳蒼杰譯	120元

⑩個案研究活用法	楊鴻儒編著	130元
⑪企業教育訓練遊戲	楊鴻儒編著	120元
⑫管理者的智慧	程　義編譯	130元
⑬做個佼佼管理者	馬筱莉編譯	130元
⑭智慧型說話技巧	沈永嘉編譯	130元
⑮歌德人生箴言	沈永嘉編譯	150元
⑯活用佛學於經營	松濤弘道著	150元
⑰活用禪學於企業	柯素娥編譯	130元
⑱詭辯的智慧	沈永嘉編譯	130元
⑲幽默詭辯術	廖玉山編譯	130元
⑳拿破崙智慧箴言	柯素娥編譯	130元
㉑自我培育・超越	蕭京凌編譯	150元
㉒深層心理術	多湖輝著	130元
㉓深層語言術	多湖輝著	130元
㉔時間即一切	沈永嘉編譯	130元
㉕自我脫胎換骨	柯素娥譯	150元
㉖贏在起跑點—人才培育鐵則	楊鴻儒編譯	150元
㉗做一枚活棋	李玉瓊編譯	130元
㉘面試成功戰略	柯素娥編譯	130元
㉙自我介紹與社交禮儀	柯素娥編譯	130元
㉚說NO的技巧	廖玉山編譯	130元
㉛瞬間攻破心防法	廖玉山編譯	120元
㉜改變一生的名言	李玉瓊編譯	130元
㉝性格性向創前程	楊鴻儒編譯	130元
㉞訪問行銷新竅門	廖玉山編譯	150元
㉟無所不達的推銷話術	李玉瓊編譯	150元

・處世智慧・電腦編號03

①如何改變你自己	陸明編譯	90元
②人性心理陷阱	多湖輝著	90元
③面對面的心理戰術	多湖輝著	90元
④幽默說話術	林振輝編譯	120元
⑤讀書36計	黃柏松編譯	110元
⑥靈感成功術	譚繼山編譯	80元
⑦如何使人對你好感	張文志譯	110元
⑧扭轉一生的五分鐘	黃柏松編譯	100元
⑨知人、知面、知其心	林振輝譯	110元
⑩現代人的詭計	林振輝譯	100元
⑪怎樣突破人性弱點	摩　根著	90元
⑫如何利用你的時間	蘇遠謀譯	80元

⑬口才必勝術	黃柏松編譯	120元
⑭女性的智慧	譚繼山編譯	90元
⑮如何突破孤獨	張文志編譯	80元
⑯人生的體驗	陸明編譯	80元
⑰微笑社交術	張芳明譯	90元
⑱幽默吹牛術	金子登著	90元
⑲攻心說服術	多湖輝著	100元
⑳當機立斷	陸明編譯	70元
㉑勝利者的戰略	宋恩臨編譯	80元
㉒如何交朋友	安紀芳編著	70元
㉓鬥智奇謀（諸葛孔明兵法）	陳炳崑著	70元
㉔慧心良言	亦　奇著	80元
㉕名家慧語	蔡逸鴻主編	90元
㉖金色的人生	皮爾著	80元
㉗稱霸者啟示金言	黃柏松編譯	90元
㉘如何發揮你的潛能	陸明編譯	90元
㉙女人身態語言學	李常傳譯	100元
㉚摸透女人心	張文志譯	90元
㉛現代戀愛秘訣	王家成譯	70元
㉜給女人的悄悄話	妮倩編譯	90元
㉝行為語言的奧秘	歆夫編譯	110元
㉞如何開拓快樂人生	陸明編譯	90元
㉟驚人時間活用法	鐘文訓譯	80元
㊱成功的捷徑	鐘文訓譯	70元
㊲幽默逗笑術	林振輝著	120元
㊳活用血型讀書法	陳炳崑譯	80元
㊴心　燈	葉于模著	100元
㊵當心受騙	林顯茂譯	90元
㊶心·體·命運	蘇燕謀譯	70元
㊷如何使頭腦更敏銳	陸明編譯	70元
㊸宮本武藏五輪書金言錄	宮本武藏著	100元
㊹厚黑說服術	多湖輝著	90元
㊺勇者的智慧	黃柏松編譯	80元
㊻善意的心理騙術	多湖輝著	75元
㊼成熟的愛	林振輝譯	120元
㊽現代女性駕馭術	蔡德華著	90元
㊾禁忌遊戲	酒井潔著	90元
㊿自我表現術	多湖輝著	100元
51女性的魅力·年齡	廖玉山譯	90元
52摸透男人心	劉華亭編譯	80元
53如何達成願望	謝世輝著	90元

㊹創造奇蹟的「想念法」	謝世輝著	90元
㊺創造成功奇蹟	謝世輝著	90元
㊻男女幽默趣典	劉華亭譯	90元
㊼幻想與成功	廖松濤譯	80元
㊽反派角色的啟示	廖松濤編譯	70元
㊾現代女性須知	劉華亭編著	75元
㊿一分鐘記憶術	廖玉山譯	90元
61機智說話術	劉華亭編譯	100元
62如何突破內向	姜倩怡編譯	110元
63扭轉自我的信念	黃　翔編譯	100元
64讀心術入門	王家成編譯	100元
65如何解除內心壓力	林美羽編著	110元
66取信於人的技巧	多湖輝著	110元
67如何培養堅強的自我	林美羽編著	90元
68自我能力的開拓	卓一凡編著	110元
69求職的藝術	吳秀美編譯	100元
70縱橫交涉術	嚴思圖編著	90元
71如何培養妳的魅力	劉文珊編著	90元
72魅力的力量	姜倩怡編著	90元
73金錢心理學	多湖輝著	100元
74語言的圈套	多湖輝著	110元
75個性膽怯者的成功術	廖松濤編譯	100元
76人性的光輝	文可式編著	90元
77如何建立自信心	諾曼・比爾著	90元
78驚人的速讀術	鐘文訓編譯	90元
79培養靈敏頭腦秘訣	廖玉山編著	90元
80夜晚心理術	鄭秀美編譯	80元
81如何做個成熟的女性	李玉瓊編著	80元
82現代女性成功術	劉文珊編著	90元
83成功說話技巧	梁惠珠編譯	100元
84人生的真諦	鐘文訓編譯	100元
85妳是人見人愛的女孩	廖松濤編著	120元
86精神緊張速解法	F・查爾斯著	90元
87指尖・頭腦體操	蕭京凌編譯	90元
88電話應對禮儀	蕭京凌編著	90元
89自我表現的威力	廖松濤編譯	100元
90名人名語啟示錄	喬家楓編著	100元
91男與女的哲思	程鐘梅編譯	110元
92靈思慧語	牧　風著	110元
93心靈夜語	牧　風著	100元
94激盪腦力訓練	廖松濤編譯	100元

㊿95三分鐘頭腦活性法	廖玉山編譯	110元
96星期一的智慧	廖玉山編譯	100元
97溝通說服術	賴文琇編譯	100元
98超速讀超記憶法	廖松濤編譯	120元

•健康與美容•電腦編號04

①B型肝炎預防與治療	曾慧琪譯	130元
②胃部強健法	陳炳崑譯	90元
③媚酒傳（中國王朝秘酒）	陸明主編	120元
④藥酒與健康果菜汁	成玉主編	150元
⑤中國回春健康術	蔡一藩著	100元
⑥奇蹟的斷食療法	蘇燕謀譯	110元
⑦中國內功健康法	張惠珠著	100元
⑧健美食物法	陳炳崑譯	120元
⑨驚異的漢方療法	唐龍編著	90元
⑩不老強精食	唐龍編著	100元
⑪經脈美容法	月乃桂子著	90元
⑫五分鐘跳繩健身法	蘇明達譯	100元
⑬睡眠健康法	王家成譯	80元
⑭你就是名醫	張芳明譯	90元
⑮如何保護你的眼睛	蘇燕謀譯	70元
⑯自我指壓術	今井義睛著	120元
⑰室內身體鍛鍊法	陳炳崑譯	100元
⑱飲酒健康法	J•亞當姆斯著	100元
⑲釋迦長壽健康法	譚繼山譯	90元
⑳腳部按摩健康法	譚繼山譯	120元
㉑自律健康法	蘇明達譯	90元
㉒最新瑜伽自習	蘇燕謀譯	180元
㉓身心保健座右銘	張仁福著	160元
㉔腦中風家庭看護與運動治療	林振輝譯	100元
㉕秘傳醫學人相術	成玉主編	120元
㉖導引術入門(1)治療慢性病	成玉主編	110元
㉗導引術入門(2)健康•美容	成玉主編	110元
㉘導引術入門(3)身心健康法	成玉主編	110元
㉙妙用靈藥•蘆薈	李常傳譯	90元
㉚萬病回春百科	吳通華著	150元
㉛初次懷孕的10個月	成玉編譯	100元
㉜中國秘傳氣功治百病	陳炳崑編譯	130元
㉝蘆薈治萬病	李常傳譯	<售缺>
㉞仙人成仙術	陸明編譯	100元

㉟仙人長生不老學	陸明編譯	100元
㊱釋迦秘傳米粒刺激法	鐘文訓譯	120元
㊲痔・治療與預防	陸明編譯	130元
㊳自我防身絕技	陳炳崑編譯	120元
㊴運動不足時疲勞消除法	廖松濤譯	110元
㊵三溫暖健康法	鐘文訓編譯	90元
㊶癌症早期檢查法	廖松濤譯	120元
㊷維他命C新效果	鐘文訓譯	90元
㊸維他命與健康	鐘文訓譯	120元
㊹秘法！超級仙術入門	陸明編譯	100元
㊺森林浴—綠的健康法	劉華亭編譯	80元
㊻四季色彩美容學	吳秀美譯	120元
㊼導引術入門⑷酒浴健康法	成玉主編	90元
㊽導引術入門⑸不老回春法	成玉主編	90元
㊾山白竹（劍竹）健康法	鐘文訓譯	90元
㊿解救你的心臟	鐘文訓編譯	100元
51牙齒保健法	廖玉山譯	90元
52超人氣功法	陸明編譯	110元
53超能力秘密開發法	廖松濤譯	80元
54借力的奇蹟⑴	力拔山著	100元
55借力的奇蹟⑵	力拔山著	100元
56五分鐘小睡健康法	呂添發撰	100元
57禿髮、白髮預防與治療	陳炳崑撰	100元
58吃出健康藥膳	劉大器著	100元
59艾草健康法	張汝明編譯	90元
60一分鐘健康診斷	蕭京凌編譯	90元
61念術入門	黃靜香編譯	90元
62念術健康法	黃靜香編譯	90元
63健身回春法	梁惠珠編譯	100元
64姿勢養生法	黃秀娟編譯	90元
65仙人瞑想法	鐘文訓譯	120元
66人蔘的神效	林慶旺譯	100元
67奇穴治百病	吳通華著	120元
68中國傳統健康法	靳海東著	100元
69下半身減肥法	納他夏・史達賓著	110元
70使妳的肌膚更亮麗	楊　皓編譯	100元
71酵素健康法	楊　皓編譯	120元
72做一個快樂的病人	吳秀美譯	100元
73腰痛預防與治療	五味雅吉著	100元
74如何預防心臟病・腦中風	譚定長等著	100元
75少女的生理秘密	蕭京凌譯	120元

⑯頭部按摩與針灸	楊鴻儒譯	100元
⑰雙極療術入門	林聖道著	100元
⑱氣功自療法	梁景蓮著	100元
⑲大蒜健康法	李玉瓊編譯	100元
⑳紅蘿蔔汁斷食療法	李玉瓊譯	100元
㉑健胸美容秘訣	黃靜香譯	100元
㉒鍺奇蹟療效	林宏儒譯	120元
㉓三分鐘健身運動	廖玉山譯	120元
㉔尿療法的奇蹟	廖玉山譯	120元
㉕神奇的聚積療法	廖玉山譯	120元
㉖預防運動傷害伸展體操	楊鴻儒編譯	120元
㉗糖尿病預防與治療	石莉涓譯	150元
㉘五日就能改變你	柯素娥譯	110元
㉙三分鐘氣功健康法	陳美華譯	120元
㉚痛風劇痛消除法	余昇凌譯	120元
㉛道家氣功術	早島正雄著	130元
㉜氣功減肥術	早島正雄著	120元
㉝超能力氣功法	柯素娥譯	130元
㉞氣的瞑想法	早島正雄著	120元

•家庭／生活• 電腦編號05

①單身女郎生活經驗談	廖玉山編著	100元
②血型•人際關係	黃靜編著	120元
③血型•妻子	黃靜編著	110元
④血型•丈夫	廖玉山編譯	130元
⑤血型•升學考試	沈永嘉編譯	120元
⑥血型•臉型•愛情	鐘文訓編譯	120元
⑦現代社交須知	廖松濤編譯	100元
⑧簡易家庭按摩	鐘文訓編譯	150元
⑨圖解家庭看護	廖玉山編譯	120元
⑩生男育女隨心所欲	岡正基編著	120元
⑪家庭急救治療法	鐘文訓編著	100元
⑫新孕婦體操	林曉鐘譯	120元
⑬從食物改變個性	廖玉山編譯	100元
⑭職業婦女的衣著	吳秀美編譯	120元
⑮成功的穿著	吳秀美編譯	120元
⑯現代人的婚姻危機	黃　靜編著	90元
⑰親子遊戲　0歲	林慶旺編譯	100元
⑱親子遊戲　1～2歲	林慶旺編譯	110元
⑲親子遊戲　3歲	林慶旺編譯	100元

國立中央圖書館出版品預行編目資料

性格測驗 2　透視人心奧秘／淺野八郎著；
李鈴秀譯--初版　--臺北市：大展，民83
面；　公分　--（趣味心理講座；2）
譯自：性格ゲーム　第2集，うそつき、意地惡、へそまがり
ISBN 957-557-423-0（平裝）

1. 心理測驗

179　83000432

本書原名：性格ゲーム・第2集
うそつき、意地悪、へそまがり……
原発行所：KKベストセラーズ
原作者淺野八郎先生授權出版　Ⓒ1993
Hachiro Asano
版權仲介：京王文化事業有限公司

性格測驗②　透視人心奧秘　ISBN 957-557-423-0

原著者／淺野八郎
編譯者／李鈴秀
發行人／蔡森明
出版者／大展出版社有限公司
社址／台北市北投區（石牌）致遠一路二段12巷1號
電話／(02) 8236031・8236033
傳眞／(02) 8272069
郵政劃撥／0166955－1
登記證／局版臺業字第2171號
承印者／國順圖書印刷公司
裝訂／日新裝訂所
排版者／千賓電腦打字有限公司
電話／（02）8836052
初版／1994年（民83年）2月
2刷／1995年（年84年）10月
定價／140元